JN057459

マイナンバー
実務検定
公式精選問題集

1級

はじめに

■マイナンバー実務検定とは

本試験は、社会的基盤として導入されたマイナンバー制度を良く理解し、特定個人情報を保護し、適正な取り扱いができることを目指す検定試験です。何級からでも受験できます。

■本書の特徴

・過去に出題された問題を、実際の試験問題数の２回分厳選し、「公式精選問題集」として編集しました。

・解説における条文番号は「法○○条」と記載し、解説内で他の法律名等が出てくる場合は「番号法○○条」として、分かりやすく区別してあります。

・基本的な用語はもちろん、難解な専門用語もしっかり理解できます。

マイナンバー実務検定　試験概要

1. **受験資格** … 国籍、年齢等に制限はありません。

2. **受験会場**
   主な受験地　札幌　仙台　東京　横浜　埼玉　千葉　名古屋　京都　大阪　神戸　福岡
   ※実施回により変更の可能性があります。

3. **試験日程** … 年 4 回（年度により実施日は異なります。）

4. **試験時間** … 1 級：120 分　2 級：90 分　3 級：60 分

5. **問題数** … 1 級：80 問　2 級：60 問　3 級：50 問

6. **試験形態** … マークシート方式

7. **出題内容および合格基準**
   出題内容は次ページ表をご参照ください。
   合格基準：全体の 70％以上の得点で合格
   ※何級からでも受験できます。
   ※試験時間、問題数は変更する場合があります。

マイナンバー実務検定の実施級と対象者レベル

実務検定1級 ◀ 企業・官公庁の実務者レベル

実務検定2級 ◀ 企業・官公庁の管理・指導者レベル

実務検定3級 ◀ 業務に直接携わらない一般社会人レベル

8. **受験料（税込）**
   1 級：11,000 円　2 級：8,800 円　3 級：7,700 円

9. **申込方法**
   インターネットでお申込みの場合は下記アドレスよりお申し込みください。
   https://www.joho-gakushu.or.jp/web-entry/siken/
   郵送でお申込の場合は、下記までお問合せ下さい。

お問合せ先

一般財団法人　全日本情報学習振興協会

東京都千代田区神田三崎町 3-7-12　清話会ビル　TEL：03-5276-0030　FAX：03-5276-0551
https://www.joho-gakushu.or.jp/

マイナンバー実務検定　出題範囲

1級・2級　出題範囲

1級・2級	番号法の背景・概要	番号法成立の経緯・背景、番号法の成立と施行
		番号法のメリット、今後の課題・留意点など
	第1章（総則）	法の目的（1条）
		定義（2条）
		個人番号、個人番号カード、個人情報、特定個人情報、個人情報ファイル、特定個人情報ファイル、本人、行政機関、個人番号利用事務、情報提供ネットワークシステム、法人番号等
		基本理念（3条）
		国の責務（4条）
		地方公共団体の責務（5条）
		事業者の努力（6条）
	第2章（個人番号）	個人番号の指定及び通知（7条）
		個人番号とすべき番号の生成（8条）
		個人番号の利用範囲（9条）
		再委託（10条）
		委託先の監督（11条）
		個人番号利用事務実施者等の責務（12条・13条）
		個人番号の提供の要求（14条）
		個人番号の提供の求めの制限（15条）
		個人番号の本人確認の措置（16条）
	第3章（個人番号カード）	個人番号カードの発行・交付等（16条の2・17条）
		個人番号カードの利用（18条）
		個人番号カードの発行に関する手数料（18条の2）
	第4章 第1節 （特定個人情報の提供の制限等）	特定個人情報の提供の制限（19条）
		特定個人情報の収集等の制限（20条）
	第4章 第2節 （情報提供ネットワークシステムによる特定個人情報の提供）	情報提供ネットワークシステム（21条）
		情報提供用個人識別符号の取得（21条の2）
		情報提供ネットワークシステムによる特定個人情報の提供（22条）
		情報提供ネットワークシステムにおける情報提供等の記録（23条）

1級・2級	第4章 第2節（情報提供ネットワークシステムによる特定個人情報の提供）	情報提供ネットワークシステムにおける秘密の管理（24条）
		情報提供ネットワークシステムにおける秘密保持義務（25条）
		第19条第8号の規定による特定個人情報の提供（26条）
	第5章第1節（特定個人情報保護評価等）	特定個人情報ファイルを保有しようとする者に対する指針（27条）
		特定個人情報保護評価（28条）
		特定個人情報ファイルの作成の制限（29条）
		研修の実施（29条の2）
		委員会による検査等（29条の3）
		特定個人情報の漏えい等に関する報告（29条の4）
	第5章第2節（個人情報保護法の特例等）	個人情報保護法等の特例（30条）
		情報提供等の記録についての特例（31条）
		特定個人情報の保護を図るための連携協力（32条）
	第6章（特定個人情報の取扱いに関する監督等）	特定個人情報の取扱いに関する監督等（33条～38条）
	第6章の2（機構処理事務の実施に関する措置）	機構処理事務（38条の2～7）
	第7章（法人番号）	法人番号（39条～42条）
	第8章（雑則）	雑則（43条～47条）
	第9章（罰則）	罰則（48条～57条）
	附則	附則
	特定個人情報の適正な取扱いに関するガイドライン（事業者編）	条文に関連する箇所及び（別添1）安全管理措置・（別添2）漏えい等に関する報告等が出題範囲となります。
	関連法令等 ※番号法に関連する箇所、基本的な部分が出題範囲となります。	施行令、施行規則、個人情報保護法、特定個人情報保護評価に関する規則、特定個人情報保護評価指針、住民基本台帳法、行政手続等における情報通信の技術の利用に関する法律（行政手続IT利用法）、地方公共団体情報システム機構法など

・1級は以下の2つのガイドラインも出題内容に含みます。
　特定個人情報の適正な取扱いに関するガイドライン（行政機関等編）
　金融業務における特定個人情報の適正な取扱いに関するガイドライン

3級　出題範囲

3級	番号法成立の経緯・背景	番号法成立の経緯・背景
		番号法の成立と施行
		番号法の今後の課題や留意点
	番号法の概要	番号制度の仕組み
		個人番号・法人番号に対する保護
	個人と番号法	個人番号の通知（通知カード）、個人番号カード
		情報ネットワークシステム、マイナポータル
		個人番号を利用する場面や取扱いの際の遵守事項等
	民間企業と番号法	民間企業にとっての番号法
		個人番号や法人番号を利用する場面や取扱いの際の遵守事項等
	地方公共団体・行政機関・独立行政法人等と番号法	地方公共団体・行政機関・独立行政法人等にとっての番号法
		個人番号や法人番号を利用する場面や取扱いの際の遵守事項等
		特定個人情報について
	番号法のこれから	番号制度の活用と今後の展開
	罰則	罰則
	特定個人情報の適正な取扱いに関するガイドライン（事業者編）	条文に関連する箇所及び（別添1）安全管理措置が出題範囲となります。
	関連法令等	施行令、施行規則、個人情報保護法等、番号法に関連する箇所、基本的な部分が出題範囲となります。

※ここでは「番号法」と表記していますが、「番号利用法」、「マイナンバー法」とも呼ばれる
　場合もあります。正式な法律名は「行政手続における特定の個人を識別するための番号の利
　用等に関する法律」です。
※条文の番号は令和6年4月1日施行のものとなります。
※出題の順番、内容等は変更となる場合がございます。
※令和6年4月現在の情報です。最新の情報は協会ホームページでご確認ください。

問題1．番号法の目的に関する以下のアからエまでの記述のうち、最も<u>適切ではないもの</u>を1つ選びなさい。

ア．デジタル社会の進展に伴い個人情報の利用が著しく拡大していることに鑑み、個人情報の適正な取扱いに関し、基本理念及び政府による基本方針の作成その他の個人情報の保護に関する施策の基本となる事項を定め、国及び地方公共団体の責務等を明らかにすることは、番号法の目的として定められていない。

イ．国民の的確な理解と批判の下にある公正で民主的な行政の推進に資することを目的とすることは、番号法の目的として定められていない。

ウ．行政機関、地方公共団体その他の行政事務を処理する者が、手続きの簡素化による負担の軽減及び本人確認の簡易な手段その他の利便性の向上を得られるようにすることが、番号法の目的として定められている。

エ．個人番号その他の特定個人情報の取扱いが安全かつ適正に行われるよう個人情報保護法の特例とすることが、番号法の目的として定められている。

解説　番号法の目的

　　本問は、番号法の目的（法1条）に関する理解を問うものである。

ア適　切。デジタル社会の進展に伴い個人情報の利用が著しく拡大していることに鑑み、個人情報の適正な取扱いに関し、基本理念及び政府による基本方針の作成その他の個人情報の保護に関する施策の基本となる事項を定め、国及び地方公共団体の責務等を明らかにすることが定められているのは、個人情報保護法であり、番号法では定められていない。

イ適　切。国民の的確な理解と批判の下にある公正で民主的な行政の推進に資することを目的とすることが定められているのは、行政機関の保有する情報の公開に関する法律（情報公開法1条）であり、番号法では定められていない。

ウ不適切。「行政機関、地方公共団体その他の行政事務を処理する者」ではなく、正しくは「国民が」である。国民が手続きの簡素化による負担の軽減及び本人確認の簡易な手段その他の利便性の向上を得られるようにすることを目的に規定している。

エ適　切。個人番号その他の特定個人情報の取扱いが安全かつ適正に行われるよう個人情報保護法の特例とすることが、番号法の目的として定められている。

解答　ウ

問題2. 番号法の目的に関する以下のアからエまでの記述のうち、最も<u>適切</u>
<u>な</u>ものを1つ選びなさい。

ア. 情報システムを運用して、迅速な情報の授受を行うことで、行政運
営の効率化及び行政分野におけるより公正な給付と負担の確保を
図ることが番号法の目的として定められている。

イ. 情報システムを運用して、迅速な情報の授受を行うことで、行政が
手続きの簡素化による負担の軽減等の利便性の向上を得られるよう
にすることが番号法の目的として定められている。

ウ. 個人情報を適切かつ効果的に活用すること等により、新たな産業の
創出並びに活力ある経済社会及び豊かな国民生活の実現に資するも
のであることその他の個人情報の有用性に配慮しつつ、個人の権利
利益を保護することが、番号法の目的として定められている。

エ. デジタル社会の進展に伴い個人情報の利用が著しく拡大しているこ
とに鑑み、個人情報の適正な取扱いに関し、基本理念及び政府によ
る基本方針の作成その他の個人情報の保護に関する施策の基本とな
る事項を定め、国及び地方公共団体の責務等を明らかにすることが
定められている。

解説　番号法の目的

　　本問は、番号法の目的（法1条）に関する理解を問うものである。

ア適　切。情報システムを運用して、迅速な情報の授受を行うことで、
　　　　　行政運営の効率化及び行政分野におけるより公正な給付と負
　　　　　担の確保を図ることが番号法の目的として定められている。
　　　　　（法1条）

イ不適切。情報システムを運用して、迅速な情報の授受を行うことで、
　　　　　国民が、手続きの簡素化による負担の軽減等の利便性の向上
　　　　　を得られるようにすることが番号法の目的として定められて
　　　　　いる（法1条）。番号法では、行政が手続きの簡素化による負
　　　　　担の軽減等の利便性の向上を得られるようにすることを目的
　　　　　とはしていない。

ウ不適切。個人情報を適切かつ効果的に活用すること等により、新たな
　　　　　産業の創出並びに活力ある経済社会及び豊かな国民生活の実
　　　　　現に資するものであることその他の個人情報の有用性に配慮
　　　　　しつつ、個人の権利利益を保護することが定められているの
　　　　　は、個人情報保護法であり、番号法（1条）では定められて
　　　　　いない。

エ不適切。デジタル社会の進展に伴い個人情報の利用が著しく拡大して
　　　　　いることに鑑み、個人情報の適正な取扱いに関し、基本理念
　　　　　及び政府による基本方針の作成その他の個人情報の保護に関
　　　　　する施策の基本となる事項を定め、国及び地方公共団体の責
　　　　　務等を明らかにすることが定められているのは、個人情報保
　　　　　護法であり、番号法（1条）では定められていない。

解答　ア

問題3．番号法2条には、さまざまな用語の定義が規定されている。この定義に関する以下のアからエまでの記述のうち、最も<u>適切な</u>ものを1つ選びなさい。

ア．番号法において「個人番号関係事務」とは、行政機関、地方公共団体、独立行政法人等その他の行政事務を処理する者が、個人情報を効率的に検索及び管理するために必要な限度で個人番号を利用して処理する事務をいう。

イ．番号法において「個人番号」とは、住民票コードを変換して得られる番号であって、当該住民票コードが記載された住民票に係る者を識別するために指定されるものをいう。

ウ．番号法において「行政機関」とは、個人情報保護法に規定する行政機関のみならず、独立行政法人等もこれに含まれる。

エ．番号法において「個人情報」とは、生存する個人に関する情報であって、当該情報に含まれる氏名、生年月日その他の記述等により特定の個人を識別することができるものをいい、個人識別符号が含まれるものは除かれている。

解説　用語の定義

　　本問は、番号法に規定されている用語の定義（法2条）に関する理解を問うものである。

ア不適切。「個人番号利用事務」とは、行政機関、地方公共団体、独立行政法人等その他の行政事務を処理する者が法9条1項から3項までの規定によりその保有する特定個人情報ファイルにおいて個人情報を効率的に検索し、及び管理するために必要な限度で個人番号を利用して処理する事務をいう。（法2条10項）

イ適　切。番号法において「個人番号」とは、住民票コードを変換して得られる番号であって、当該住民票コードが記載された住民票に係る者を識別するために指定されるものをいう。（法2条5項）

ウ不適切。番号法における「行政機関」とは、個人情報保護法2条8項に規定する行政機関をいうが、独立行政法人等は行政機関に含まれない。（法2条1項）

エ不適切。番号法における「個人情報」とは、個人情報保護法2条1項に規定する個人情報をいい（法2条3項）、生存する個人に関する情報であって、当該情報に含まれる氏名、生年月日その他の記述等により特定の個人を識別することができるもの及び個人識別符号が含まれるものをいう。

解答　イ

問題4. 番号法2条には、さまざまな用語の定義が規定されている。この定義に関する以下のアからエまでの記述のうち、最も適切ではないものを1つ選びなさい。

ア. 番号法において「特定個人情報」とは、個人番号をその内容に含む個人情報をいい、個人番号に対応し、当該個人番号に代わって用いられる番号、記号その他の符号も含まれる。

イ. 番号法において「個人番号」とは、住民票コードを変換して得られる番号であって、当該住民票コードが記載された住民票に係る者を識別するために指定されるものをいう。

ウ. 番号法において「個人情報」とは、生存する個人に関する情報であって、当該情報に含まれる氏名、生年月日その他の記述等により特定の個人を識別することができるもの及び個人識別符号が含まれるものをいう。

エ. 番号法において「行政機関」とは、個人情報保護法に規定する行政機関及び独立行政法人等をいう。

解説　用語の定義

　　本問は、番号法2条に規定されている用語の定義（法2条）に関する理解を問うものである。

ア適　切。番号法において「特定個人情報」とは、個人番号をその内容に含む個人情報をいい、個人番号に対応し、当該個人番号に代わって用いられる番号、記号その他の符号も含まれる（法2条8項括弧書き）。

イ適　切。番号法において「個人番号」とは、住民票コードを変換して得られる番号であって、当該住民票コードが記載された住民票に係る者を識別するために指定されるものをいう（法2条5項）。

ウ適　切。番号法における「個人情報」とは、個人情報保護法第2条第1項に規定する個人情報をいう。個人情報保護法第2条第1項に規定する「個人情報」とは、生存する個人に関する情報であって、当該情報に含まれる氏名、生年月日その他の記述等により特定の個人を識別することができるもの及び個人識別符号が含まれるものをいう。（法2条3項）

エ不適切。番号法における「行政機関」（法2条1項）とは、個人情報保護法2条8項に規定する行政機関のことをいい、独立行政法人等（法2条2項、個人情報保護法2条9項）は行政機関に含まれない。

解答　エ

問題5. 番号法2条8項で規定されている「特定個人情報」とは、「個人番号」をその内容に含む個人情報をいうが、ここでいう「個人番号」に関する以下のアからエまでの記述のうち、最も<u>適切ではないもの</u>を1つ選びなさい。

ア. 個人番号をばらばらの数字に分解して保管しても、分解した数字を集めて複合し、分解前の個人番号に復元して利用することになるため、全体として「個人番号」に該当する。

イ. 死者の個人番号も「個人番号」に該当する。

ウ. 数字をアルファベットに読み替えるという法則に従って、個人番号をアルファベットに置き換えた場合であっても、当該アルファベットは「個人番号」に該当する。

エ. 事業者が社員を管理するために付している社員番号は、社員の個人番号を一定の法則に従って変換したものであれば、「個人番号」には該当しない。

解説　特定個人情報

　本問は、特定個人情報（法2条8項）に関する理解を問うものである。法2条8項における「特定個人情報」とは、個人番号をその内容に含む個人情報をいう。

ア適　切。個人番号をばらばらの数字に分解して保管しても、分解した数字を集めて複合し、分解前の個人番号に復元して利用することになるため、全体として「個人番号」に該当する。

イ適　切。生存する個人のものだけでなく、死者の個人番号も「個人番号」に該当する。

ウ適　切。数字をアルファベットに読み替えるという法則に従って、個人番号をアルファベットに置き換えた場合であっても、当該アルファベットは「個人番号」に該当する。

エ不適切。事業者が社員を管理するために付している社員番号等は、当該社員の個人番号を一定の法則に従って変換したものでなければ「個人番号」には該当しないが、一定の法則に従って変換したものであれば、「個人番号」に該当する。

解答　エ

問題６．番号法２条８項で規定されている「特定個人情報」とは、「個人番号」をその内容に含む個人情報をいうが、ここでいう「個人番号」に関する以下のアからエまでの記述のうち、最も適切ではないものを１つ選びなさい。

ア．個人番号を暗号化により秘匿化された場合であっても、当該秘匿化された情報は「個人番号」に該当する。

イ．個人番号をばらばらの数字に分解して保管しても、分解した数字を集めて複合し、分解前の個人番号に復元して利用することになるため、全体として「個人番号」に該当する。

ウ．事業者が、社員を管理するために付している社員番号は、当該社員の個人番号を一定の法則に従って変換したものであっても、「個人番号」に該当しない。

エ．一定の法則に従って、個人番号をアルファベットに置き換えた場合であっても、当該アルファベットは「個人番号」に該当する。

解説　特定個人情報

　本問は、特定個人情報（法2条8項）に関する理解を問うものである。法2条8項における「特定個人情報」とは、個人番号をその内容に含む個人情報をいう。

ア適　切。個人番号は、仮に暗号化等により秘匿化されていても、その秘匿化は個人番号を一定の法則に従って変換したものであることから、番号法第2条8項に規定する個人番号に該当する。

イ適　切。個人番号をばらばらの数字に分解して保管しても、分解した数字を集めて複合し、分解前の個人番号に復元して利用することになるため、全体として「個人番号」に該当する。

ウ不適切。事業者が社員を管理するために付している社員番号等は、当該社員の個人番号を一定の法則に従って変換したものであれば「個人番号」に該当する。

エ適　切。一定の法則に従って、個人番号をアルファベットに置き換えた場合であっても、当該アルファベットは「個人番号」に該当する。

解答　ウ

問題7. 番号法の基本理念に関する以下のアからエまでの記述のうち、最も適切ではないものを1つ選びなさい。

ア. 個人番号の利用は、個人から提出された情報について、これと同一の内容の情報の提出を求めることで、慎重な行政手続の実現を図ることを旨として、行われなければならない。

イ. 個人番号の利用に関する施策の推進は、行政運営の効率化を通じた国民の利便性の向上に資することを旨としなければならず、その場合は、個人情報の保護に十分配慮する必要がある。

ウ. 個人番号の利用は、行政事務の対象となる者を特定する簡易な手続を設けることによって、国民の利便性の向上及び行政運営の効率化に資することを旨として、行われなければならない。

エ. 個人番号の利用は、情報システムを利用して迅速かつ安全に情報の授受を行い、情報を共有することによって、社会保障制度、税制その他の行政分野における給付と負担の適切な関係の維持に資することを旨として、行われなければならない。

解説　番号法の基本理念

　　本問は、番号法の基本理念（法3条）に関する理解を問うものである。

ア不適切。個人番号の利用は、個人から提出された情報について、これと同一の内容の情報の提出を求めることを避け、国民の負担の軽減を図ることを旨として、行われなければならない。（法3条1項3号）

イ適　切。個人番号の利用に関する施策の推進は、行政運営の効率化を通じた国民の利便性の向上に資することを旨としなければならず、その場合は、個人情報の保護に十分配慮する必要がある。（法3条2項参照）

ウ適　切。個人番号の利用は、行政事務の対象となる者を特定する簡易な手続を設けることによって、国民の利便性の向上及び行政運営の効率化に資することを旨として、行われなければならない。（法3条1項1号）

エ適　切。個人番号の利用は、情報システムを利用して迅速かつ安全に情報の授受を行い、情報を共有することによって、社会保障制度、税制その他の行政分野における給付と負担の適切な関係の維持に資することを旨として、行われなければならない。（法3条1項2号）

解答　ア

問題8．次の文章は、基本理念について規定した番号法3条を抜粋したものである。以下のアからエまでのうち（　　）内に入る最も<u>適切な</u>語句の組合せを1つ選びなさい。

第3条1項　個人番号及び法人番号の利用は、この法律の定めるところにより、次に掲げる事項を旨として、行われなければならない。

一～三（中略）。

四　（　a　）を用いて（　b　）され、又は整理された（　c　）が法令に定められた範囲を超えて利用され、又は漏えいすることがないよう、その（　d　）の適正を確保すること。

ア．a．個人情報　　b．提供　　c．個人番号　　d．管理

イ．a．個人番号　　b．収集　　c．個人情報　　d．管理

ウ．a．個人情報　　b．収集　　c．個人番号　　d．手続

エ．a．個人番号　　b．提供　　c．個人情報　　d．手続

解説　番号法の基本理念

　本問は、番号法の基本理念（法3条）に関する理解を問うものである。

第3条1項　個人番号及び法人番号の利用は、この法律の定める
　　　　　ところにより、次に掲げる事項を旨として、行われ
　　　　　なければならない。

　一～三（中略）。

四　個人番号を用いて収集され、又は整理された個人情報が法令
　に定められた範囲を超えて利用され、又は漏えいすることがな
　いよう、その管理の適正を確保すること。

以上により、a「個人番号」、b「収集」、c「個人情報」、d「管理」となり正解はイとなる。

解答　イ

問題９．国及び地方公共団体の責務に関する以下のアからエまでの記述の うち、最も<u>適切な</u>ものを１つ選びなさい。

ア．国は、教育活動、広報活動その他の活動を通じて、個人番号及び法 人番号の利用に関する国民の理解を深めなければならない。

イ．地方公共団体は、法人番号の利用に関して、地域の特性に応じた施 策を実施するものとはされていない。

ウ．地方公共団体は、個人番号の利用を促進するための施策を実施する ものとされ、国の役割とはされていない。

エ．地方公共団体は、個人番号の利用に関し、国との連携を図りながら、 自主的かつ主体的に、その地域の特性に応じた施策を実施するもの とされる。

| 解説　地方公共団体の責務 |

本問は、地方公共団体の責務（法５条）に関する理解を問うものである。

ア不適切。国は、教育活動、広報活動その他の活動を通じて、個人番号 及び法人番号の利用に関する国民の理解を深めるよう<u>努める ものとする</u>。（法４条２項）

イ不適切。法人番号についても、<u>個人番号と同様に、地方公共団体は、 地域の特性に応じた施策を実施する</u>ものとされている（法５ 条参照）。

ウ不適切。本記述は、<u>国の責務</u>に関する記述である（法４条１項参照）。

エ適　切。地方公共団体は、個人番号の利用に関し、国との連携を図り ながら、自主的かつ主体的に、その地域の特性に応じた施策 を実施するものとされる。（法５条）

| 解答　エ |

問題10. 国の責務に関する以下のアからエまでの記述のうち、最も<u>適切ではないもの</u>を1つ選びなさい。

ア. 個人番号及び法人番号を利用する事業者は、番号法の基本理念にのっとり、国が個人番号及び法人番号の利用に関して実施する施策に協力するよう努めなければならない。

イ. 国は、教育活動、広報活動その他の活動を通じて、個人番号及び法人番号の利用に関する国民の理解を深めるよう努めなければならない。

ウ. 国は、番号法の基本理念にのっとり、個人番号その他の特定個人情報の取扱いの適正を確保するために必要な措置を講じなければならない。

エ. 国は、個人番号及び法人番号の利用に関し、自主的かつ主体的に、地域の特性に応じた施策を実施しなければならない。

解説　国の責務・地方公共団体の責務・事業者の努力

　　本問は、国の責務（法4条）・地方公共団体の責務（法5条）・事業者の努力（法6条）に関する理解を問うものである。

ア適　切。個人番号及び法人番号を利用する事業者は、番号法の基本理念にのっとり、国が個人番号及び法人番号の利用に関して実施する施策に協力するよう努めなければならない（法6条）。

イ適　切。国は、教育活動、広報活動その他の活動を通じて、個人番号及び法人番号の利用に関する国民の理解を深めるよう努めなければならない（法4条2項）。

ウ適　切。国は、番号法の基本理念にのっとり、個人番号その他の特定個人情報の取扱いの適正を確保するために必要な措置を講じなければならない（法4条1項）。

エ不適切。国は、個人番号及び法人番号の利用を促進するための施策を実施するものであり（法4条1項）、個人番号及び法人番号の利用に関し、自主的かつ主体的に、その地域の特性に応じた施策を実施しなければならないのは地方公共団体である（法5条1項）。

解答　エ

問題11. 個人番号の指定等に関する以下のアからエまでの記述のうち、最も<u>適切ではない</u>ものを1つ選びなさい。

ア. 市町村長（特別区の区長を含む。以下同じ。）は、住民票に住民票コードを記載したときは、当該記載した日から起算して7日以内に個人番号を指定しなければならない。

イ. 市町村長は、個人番号を通知するときは、当該通知を受ける者が個人番号カードの交付を円滑に受けることができるよう、当該交付の手続に関する情報の提供その他の必要な措置を講ずるものとされている。

ウ. 住民票コードが住民票に記載されている日本の国籍を有する者は個人番号の付番の対象であり、外国人住民である中長期在留者も個人番号の付番の対象である。

エ. 地方公共団体情報システム機構は、市町村長に対する通知について管理するための電子情報処理組織を設置するものとされている。

解説　個人番号の指定等

　本問は、個人番号の指定等に関する理解を問うものである。

ア不適切。市町村長（特別区の区長を含む。）は、住民票に住民票コードを記載したときは、<u>速やかに</u>、個人番号を指定しなければならない。（法7条1項）

イ適　切。市町村長は、個人番号を通知するときは、当該通知を受ける者が個人番号カードの交付を円滑に受けることができるよう、当該交付の手続に関する情報の提供その他の必要な措置を講ずるものとされている。（法7条3項）

ウ適　切。個人番号の付番の対象となる者は、住民基本台帳法第7条第13条の住民票コードが住民票に記載されている日本の国籍を有する者及び同法第30条の45の表の上欄に掲げる外国人住民（中長期在留者、特別永住者など）である。（法7条1項）

エ適　切。本記述のとおりである。（法8条3項）

解答　ア

問題12. 個人番号の指定に関する以下のアからエまでの記述のうち、最も<u>適切ではないもの</u>を1つ選びなさい。

ア. 個人番号の指定は、市町村長（特別区の区長を含む。以下同じ。）が、地方公共団体情報システム機構から個人番号とすべき番号の通知を受けた時に行われる。

イ. 市町村長は、外国人であっても、住民票に住民票コードを記載したときは、個人番号とすべき番号を個人番号として指定しなければならない。

ウ. 市町村長は、住民票に住民票コードを記載したときは、速やかに、個人番号を指定しなければならない。

エ. 市町村長は、個人番号を指定された者に対し、当該個人番号を氏名、住所などが記載された通知カードにより通知しなければならない。

解説　個人番号の指定

　　本問は、個人番号の指定（法7条1項）に関する理解を問うものである。

ア適　切。個人番号の指定は、市町村長（特別区の区長を含む。以下同じ。）が、地方公共団体情報システム機構から個人番号とすべき番号の通知を受けた時に行われる（令2条）。

イ適　切。市町村長は、外国人であっても、住民票に住民票コードを記載したときは、個人番号とすべき番号を個人番号として指定し、これを通知しなければならない。

ウ適　切。市町村長は、住民票に住民票コードを記載したときは、速やかに、個人番号を指定しなければならない（法7条1項）。

エ不適切。従来、通知カードが発行されていたが、現在は廃止されている。

解答　エ

問題13. 個人番号の変更に関する以下のアからエまでの記述のうち、最も適切なものを1つ選びなさい。

ア. 婚姻により氏名が変更された場合は、個人番号の変更が認められる。

イ. 個人番号が漏えいして不正に用いられるおそれがあると認められるときは、個人番号の変更が認められる。

ウ. 個人番号の変更は、市町村長（特別区の区長を含む。）の職権によってのみ行われ、本人の請求によってすることはできない。

エ. 個人番号の通知を受けた市町村（特別区を含む。）から他の市町村に住所を変更した場合、個人番号も変更される。

解説　個人番号の変更

　　本問は、個人番号の変更（法7条2項）に関する理解を問うものである。

ア不適切。個人番号が漏えいして不正に用いられるおそれがあると認められるときは、個人番号の変更が認められる（法7条2項）。婚姻により氏名が変更された場合は、これに該当しないことから、個人番号の変更は認められない。

イ適　切。個人番号が漏えいして不正に用いられるおそれがあると認められるときは、個人番号の変更が認められる。（法7条2項）

ウ不適切。個人番号が漏えいして不正に用いられるおそれがあると認められるときは、本人からの請求又は市町村長（特別区の区長を含む。）の職権により、個人番号の変更が認められる。（法7条2項）

エ不適切。個人番号が漏えいして不正に用いられるおそれがあると認められるときは、個人番号の変更が認められる（法7条2項）。住所変更がなされた場合は、これに該当しないことから、個人番号の変更は認められない。

解答　イ

問題14. 個人番号の変更に関する以下のアからエまでの記述のうち、最も<u>適切</u>で<u>はない</u>ものを1つ選びなさい。

ア. 詐欺により個人番号が漏えいして不正に用いられるおそれがあると認められる場合、個人番号の変更が認められる。

イ. 婚姻により氏名が変更された場合、本人の請求により、個人番号の変更が認められる。

ウ. 市町村長（特別区の区長を含む。以下同じ。）が、個人番号の流出を探知し、不正に用いられるおそれがある場合、市町村長は、職権により、個人番号を変更することができる。

エ. 個人情報取扱事業者は、個人番号が変更されたときは本人から事業者に申告するよう周知しておくとともに、一定の期間ごとに個人番号の変更がないか確認することが求められる。

|解説　個人番号の変更|

　本問は、個人番号の変更（法7条2項）に関する理解を問うものである。

ア適　切。詐欺により個人番号が漏えいして不正に用いられるおそれがあると認められる場合、個人番号の変更が認められる。

イ不適切。個人番号が漏えいして不正に用いられるおそれがあると認められる場合、個人番号の変更が認められるので（法7条2項）、婚姻により氏名が変更された場合は個人番号を変更することはできない。

ウ適　切。市町村長（特別区の区長を含む。以下同じ。）が、個人番号の流出を探知し、不正に用いられるおそれがある場合、市町村長は、職権により、個人番号を変更することができる。

エ適　切。個人情報取扱事業者は、個人番号が変更されたときは本人から事業者に申告するよう周知しておくとともに、一定の期間ごとに個人番号の変更がないか確認することが求められる。

|解答　イ|

問題15. 個人番号とすべき番号の生成に関する以下のアからエまでの記述の
うち、最も<u>適切ではない</u>ものを1つ選びなさい。

ア. 個人番号とすべき番号は11桁の番号及び1桁の検査用数字で構成される。

イ. 個人番号とすべき番号は他の個人番号と重複したものであってはならない。

ウ. 市町村長（特別区の区長を含む。）は、地方公共団体情報システム機構から求められた個人番号とすべき番号を生成しなければならない。

エ. 個人番号とすべき番号は、電子情報処理組織を使用して生成される。

解説　個人番号とすべき番号の生成

　本問は、個人番号とすべき番号の生成（法8条）についての理解を問うものである。

ア適　切。個人番号とすべき番号は11桁の番号及び1桁の検査用数字で構成される。（令8条）

イ適　切。個人番号とすべき番号は他の個人番号と重複したものであってはならない。（法8条2項1号参照）

ウ不適切。個人番号とすべき<u>番号を生成するのは、地方公共団体情報システム機構である</u>。（法8条3項）

エ適　切。個人番号とすべき番号は、電子情報処理組織を使用して生成される。（法8条2項）。

解答　ウ

問題16. 個人番号とすべき番号の生成に関する以下のアからエまでの記述の
うち、最も適切ではないものを1つ選びなさい。

ア. 地方公共団体情報システム機構は、市町村長（特別区の区長を含む。）
から個人番号とすべき番号の生成を求められたときは、電子情報処理
組織を使用して、個人番号とすべき番号を生成しなければならない。

イ. 個人番号とすべき番号は、住民票コードを変換して得られるもので
なければならない。

ウ. 個人番号とすべき番号は、他のいずれの個人番号とも異なるもので
なければならない。

エ. 生成される個人番号とすべき番号は、10桁の番号及びその後に付さ
れた1桁の検査用数字により構成される。

解説　個人番号とすべき番号の生成

　本問は、個人番号とすべき番号の生成（法8条）についての理解を問う
ものである。

ア適　切。地方公共団体情報システム機構は、市町村長（特別区の区長
を含む。）から個人番号とすべき番号の生成を求められたとき
は、電子情報処理組織を使用して、個人番号とすべき番号を
生成しなければならない（法8条2項）。

イ適　切。個人番号とすべき番号は、住民票コードを変換して得られる
ものでなければならない（法8条2項2号）。

ウ適　切。個人番号とすべき番号は、他のいずれの個人番号とも異なる
ものでなければならない（法8条2項1号）。

エ不適切。生成される個人番号とすべき番号は、11桁の番号及びその後
に付された1桁の検査用数字により構成される（令8条）。

解答　エ

問題17.「個人番号関係事務」及び「個人番号利用事務」に関する以下の
アからエまでの記述のうち、最も<u>適切</u>なものを1つ選びなさい。

ア．事業者が、講師に対して講演料を支払った場合において、講師の個
人番号を報酬の支払調書に記載して、税務署長に提出することは個
人番号関係事務に該当しない。

イ．事業者が従業者に対し給与を支払う場合に給与所得の源泉徴収票に
従業者の個人番号を記載して税務署長に提出することは個人番号関
係事務に該当する。

ウ．従業員等が、所得税法に従って、扶養親族の個人番号を扶養控除等
申告書に記載して、勤務先である事業者に提出することは個人番号
利用事務に該当する。

エ．都道府県知事等が生活保護法による保護の決定及び実施に関する事
務の処理に関して保有する特定個人情報ファイルにおいて、個人情
報を効率的に検索、管理するために個人番号を利用することは個人
番号関係事務に該当する。

解説　個人番号関係事務及び個人番号利用事務

　本問は、「個人番号関係事務」及び「個人番号利用事務」に関する理解を問うものである。

ア不適切。事業者が、講師に対して講演料を支払った場合において、講師の個人番号を報酬の支払調書に記載して、税務署長に提出することは個人番号関係事務に該当する。

イ適　切。事業者が従業者に対し給与を支払う場合に給与所得の源泉徴収票に従業者の個人番号を記載して税務署長に提出することは個人番号関係事務に該当する。

ウ不適切。従業員等が、所得税法にしたがって、扶養親族の個人番号を扶養控除等申告書に記載して、勤務先である事業者に提出することは個人番号関係事務に当たる。

エ不適切。都道府県知事等が、生活保護法による保護の決定及び実施に関する事務の処理に関して保有する特定個人情報ファイルにおいて、個人情報を効率的に検索、管理するために個人番号を利用することは個人番号利用事務に該当する（法9条1項）。

解答　イ

問題18.「個人番号関係事務」に関する以下のアからエまでの記述のうち、最も適切ではないものを1つ選びなさい。

ア．金融機関が、法令に基づき、顧客の個人番号を利子等の支払調書に記載して、税務署長に提出する事務は「個人番号関係事務」に当たる。

イ．行政機関が、所得税法の規定に基づき、行政機関の職員の個人番号を給与所得の源泉徴収票に記載して、税務署長に提出する事務は「個人番号関係事務」に当たらない。

ウ．地方公共団体が、生活保護法に基づき、生活保護の決定、実施に関する事務の処理に関して個人番号を利用する事務は、「個人番号関係事務」に当たらない。

エ．従業員が、所得税法の規定に基づき、扶養親族の個人番号を扶養控除等申告書に記載して、勤務先である事業者に提出することは「個人番号関係事務」に当たる。

解説　個人番号関係事務

　本問は、「個人番号関係事務」に関する理解を問うものである。

ア適　切。金融機関が、法令に基づき、顧客の個人番号を利子等の支払調書に記載して、税務署長に提出する事務は「個人番号関係事務」に当たる。

イ不適切。行政機関が、所得税法の規定に基づき、行政機関の職員の個人番号を給与所得の源泉徴収票に記載して、税務署長に提出する事務は「個人番号関係事務」に当たる。

ウ適　切。地方公共団体が、生活保護法に基づき、生活保護の決定、実施に関する事務の処理に関して個人番号を利用する事務は、「個人番号利用事務」に当たる。

エ適　切。従業員が、所得税法の規定に基づき、扶養親族の個人番号を扶養控除等申告書に記載して、勤務先である事業者に提出することは「個人番号関係事務」に当たる。

解答　イ

問題19. 個人番号の利用制限に関する以下のアからエまでの記述のうち、最も<u>適切</u>なものを1つ選びなさい。

ア．個人番号の利用目的を特定して、本人への通知等を行うに当たり、個人番号の提出先を具体的に示さなければならない。

イ．個人番号の利用目的について、個人情報保護法における個人情報の利用目的とは区別して本人に通知等を行う必要はない。

ウ．本人の同意があれば、利用目的以外の目的のために個人番号をその内容に含む特定個人情報を利用することができる。

エ．本人の同意があれば、個人番号をその内容に含む特定個人情報を第三者に提供することができる。

解説　個人番号の利用制限

　本問は、個人番号の利用制限（法9条・法30条2項、個人情報保護法18条）に関する理解を問うものである。

ア不適切。個人番号の利用目的を特定して、本人への通知等を行うに当たり、個人番号の提出先を具体的に<u>示す必要はない</u>。

イ適　切。個人番号の利用目的について、個人情報保護法における個人情報の利用目的とは区別して本人に通知等を行う必要はない。

ウ不適切。本人の同意があっても、利用目的以外の目的のために個人番号をその内容に含む特定個人情報を<u>利用することができない</u>（法30条2項、個人情報保護法18条）

エ不適切。本人の同意があっても、個人番号をその内容に含む特定個人情報を第三者に<u>提供することはできない。</u>（法30条2項、個人情報保護法27条）

解答　イ

問題20. 個人番号の利用制限に関する以下のアからエまでの記述のうち、最も適切ではないものを1つ選びなさい。

ア. 個人情報取扱事業者は、あらかじめ本人の同意を得たとしても、特定された利用目的の達成に必要な範囲を超えて、特定個人情報を取り扱ってはならない。

イ. 個人情報取扱事業者は、公衆衛生の向上又は児童の健全な育成の推進のために特に必要がある場合であって、本人の同意を得ることが困難である場合に限り、特定された利用目的の達成に必要な範囲を超えて、特定個人情報を取り扱うことができる。

ウ. 個人情報取扱事業者は、個人番号の利用目的をできる限り特定しなければならないが、その特定の程度としては、利用目的を単に抽象的、一般的に特定するだけでは足りない。

エ. 個人番号は、原則、番号法があらかじめ限定的に定めた事務の範囲の中から、具体的な利用目的を特定した上で、利用しなければならない。

解説　個人番号の利用制限

　本問は、個人番号の利用制限（法9条・法30条2項、個人情報保護法18条）に関する理解を問うものである。

ア適　切。個人情報取扱事業者は、あらかじめ本人の同意を得たとしても、特定された利用目的の達成に必要な範囲を超えて、特定個人情報を取り扱ってはならない（法30条、個人情報保護法18条1項）。

イ不適切。個人情報取扱事業者は、人の生命、身体又は財産の保護のために必要がある場合であって、本人の同意があり、又は本人の同意を得ることが困難である場合は、目的外利用ができるが（法30条、個人情報保護法18条3項2号）、公衆衛生の向上又は児童の健全な育成の推進のために特に必要がある場合であって、本人の同意を得ることが困難である場合は、目的外利用はできない（法30条、個人情報保護法18条3項3号）。

ウ適　切。個人情報取扱事業者は、個人番号の利用目的をできる限り特定しなければならないが（個人情報保護法17条1項）、その特定の程度としては、利用目的を単に抽象的、一般的に特定するだけでは足りない。

エ適　切。個人番号は、原則、番号法があらかじめ限定的に定めた事務の範囲の中から、具体的な利用目的を特定した上で、利用しなければならない。

解答　イ

問題21. 個人番号の利用範囲に関する以下のアからエまでの記述のうち、最も適切なものを1つ選びなさい。

ア. 地方公共団体に限り、個人番号利用事務を行うことができるのであり、独立行政法人等は個人番号利用事務を行うことはできない。

イ. 民間事業者であっても、法令の規定により個人番号利用事務の委託を受けた者は、個人番号利用事務を行うことができる。

ウ. 番号法に掲げられていない事務は、社会保障、地方税又は防災に関する事務であっても、地方公共団体が条例を制定して個人番号利用事務を行うことができない。

エ. 銀行等金融機関が激甚災害時等に金銭の支払を行う場合でも、利用目的の範囲を超えて個人番号を利用することができない。

解説　個人番号の利用範囲

　本問は、個人番号の利用範囲（法9条、30条2項、個人情報保護法18条）に関する理解を問うものである。

ア不適切。行政機関、地方公共団体、独立行政法人等その他の行政事務を処理する者は、個人番号利用事務を行うことができる（法9条1項）。したがって、地方公共団体に限られない。

イ適　切。法令の規定により個人番号利用事務の委託を受けた者は、個人番号利用事務を行うことができる。（法9条1項）

ウ不適切。地方公共団体の場合は、番号法に掲げられていない事務であっても、同法第9条第2項に基づき、社会保障、地方税又は防災に関する事務その他これらに類する事務のうち、個人番号を利用することを条例で定めるものについて、個人番号を利用することができる。

エ不適切。銀行等金融機関が激甚災害時等に金銭の支払を行う場合には、利用目的の範囲を超えて個人番号を利用することができる。（法9条5項）

解答　イ

問題22. 個人番号の利用範囲に関する以下のアからエまでの記述のうち、最も適切ではないものを1つ選びなさい。

ア. 定年退職をする前に雇用契約を締結した際に給与所得の源泉徴収票作成事務のために提供を受けた個人番号については、退職後の再雇用契約に基づく給与所得の源泉徴収票作成事務のために利用することはできない。

イ. 従業員の雇用形態をアルバイトから正社員に変更した場合でも、当初の利用目的の範囲内であれば当初取得した個人番号を利用することができる。

ウ. 前の賃貸借契約を締結した際に支払調書作成事務のために提供を受けた個人番号については、後の賃貸借契約に基づく賃料に関する支払調書作成事務のために利用することができる。

エ. 雇用契約に基づく給与所得の源泉徴収票作成事務のために提供を受けた個人番号を、雇用する従業員の福利厚生の一環として財産形成住宅貯蓄に関する事務のために利用することはできない。

解説　個人番号の利用範囲

　本問は、個人番号の利用範囲（法9条）に関する理解を問うものである。

ア不適切。定年退職をする前に雇用契約を締結した際に給与所得の源泉徴収票作成事務のために提供を受けた個人番号については、退職後の再雇用契約に基づく給与所得の源泉徴収票作成事務のために利用することができる。

イ適　切。従業員の雇用形態をアルバイトから正社員に変更した場合でも、当初の利用目的の範囲内であれば当初取得した個人番号を利用することができる。

ウ適　切。前の賃貸借契約を締結した際に支払調書作成事務のために提供を受けた個人番号については、後の賃貸借契約に基づく賃料に関する支払調書作成事務のために利用することができる。

エ適　切。雇用契約に基づく給与所得の源泉徴収票作成事務のために提供を受けた個人番号を、雇用する従業員の福利厚生の一環として財産形成住宅貯蓄に関する事務のために利用することはできず、利用目的を変更して、本人に通知又は公表を行わなければならない。

解答　ア

問題23. 個人番号の利用範囲に関する以下のアからエまでの記述のうち、最も適切ではないものを1つ選びなさい。

ア. 従業員の雇用形態をアルバイトから正社員に変更した場合でも、当初の利用目的の範囲内であれば当初取得した個人番号を利用することができる。

イ. 前の賃貸借契約を締結した際に支払調書作成事務のために提供を受けた個人番号を、後の賃貸借契約に基づく賃料に関する支払調書作成事務のために利用することができる。

ウ. 前年の給与所得の源泉徴収票作成事務のために提供を受けた個人番号を、同一の雇用契約に基づいて発生する当年以後の源泉徴収票作成事務のために利用することができる。

エ. 給与の源泉徴収事務のために提供を受けた個人番号を、利用目的を変更することなく、健康保険・厚生年金保険届出事務に利用することができる。

解説　個人番号の利用範囲

　本問は、個人番号の利用範囲（法9条、30条2項、個人情報保護法18条）に関する理解を問うものである。

ア適　切。本記述のとおりである。

イ適　切。本記述のとおりである。

ウ適　切。本記述のとおりである。

エ不適切。給与の源泉徴収事務のために提供を受けた個人番号を、健康保険・厚生年金保険届出事務に利用しようとする場合は、利用目的を変更して、本人への通知等を行うことにより、個人番号を利用する必要がある。

解答　エ

問題24. 個人番号の利用範囲に関する以下のアからエまでの記述のうち、最も適切ではないものを1つ選びなさい。

ア．行政機関、地方公共団体の他、健康保険組合のような民間事業者でも、一定の事務処理に関して保有する特定個人情報ファイルにおいて個人情報を効率的に検索し、及び管理するために必要な限度で個人番号を利用することができる。

イ．地方公共団体の長は、福祉、保健若しくは医療その他の社会保障、地方税又は防災に関する事務その他これらに類する事務であって条例で定めるものの処理に関して保有する特定個人情報ファイルにおいて個人情報を効率的に検索し、及び管理するために必要な限度で個人番号を利用することができる。

ウ．個人情報保護委員会が、立入検査を行った場合、当該委員会が求めた特定個人情報の提供を受けた場合、その提供を受けた目的を達成するために必要な限度で個人番号を利用することができる。

エ．金融機関等は、災害が発生したときは、直ちに、あらかじめ締結した契約に基づく金銭の支払を行うために必要な限度で個人番号を利用することができる。

解説　個人番号の利用範囲

　　本問は、個人番号の利用範囲(法9条)に関する理解を問うものである。

ア適　切。本記述のとおりである。

イ適　切。本記述のとおりである（法9条2項）。

ウ適　切。本記述のとおりである（法9条6項、法19条13号、法35条1項）。

エ不適切。金融機関等は、激甚災害が発生したときその他これに準ずる場合として政令で定める場合に、あらかじめ締結した契約に基づく金銭の支払を行うために必要な限度で個人番号を利用することができるのであり（法9条5項）、単に災害が発生すれば、直ちに、個人番号を利用することができるわけではない。

解答　エ

問題25. 個人番号の利用目的の変更に関する以下のアからエまでの記述のうち、最も適切ではないものを1つ選びなさい。

ア. 利用目的を変更する場合、通知等の方法として自社のホームページへ掲載することも許される。

イ. 利用目的を変更する場合、通知等の方法として就業規則に明記することも許される。

ウ. 給与所得の源泉徴収票作成事務のために提供を受けた個人番号を、利用目的を変更することなく、雇用する従業員の福利厚生の一環として職場積立NISAに関する事務のために利用することができる。

エ. 利用目的が「源泉徴収票作成事務」とされている場合は、利用目的を変更することなく、給与支払報告書の作成に個人番号を利用することができる。

| 解説　個人番号の利用目的の変更 |

　本問は、個人番号の利用目的の変更（個人情報保護法17条2項）に関する理解を問うものである。

ア適　切。本記述のとおりである。

イ適　切。本記述のとおりである。

ウ不適切。給与所得の源泉徴収票作成事務のために提供を受けた個人番号を、利用目的を変更することなく、雇用する従業員の福利厚生の一環として職場積立NISAに関する事務のために利用することはできない。

エ適　切。給与支払報告書は、源泉徴収票と共に統一的な書式で作成することとなることから、「源泉徴収票作成事務」に含まれる。そのため、利用目的の変更をすることなく利用することができる。

| 解答　ウ |

問題26. 個人番号の利用目的の変更に関する以下のアからエまでの記述の
うち、最も適切ではないものを1つ選びなさい。

ア. 雇用契約に基づく給与所得の源泉徴収票作成事務のために提供を受
けた個人番号を、雇用契約に基づく健康保険届出事務に利用しよう
とする場合は、利用目的の変更にあたる。

イ. 利用目的を変更した場合は、変更された利用目的について、本人に
通知しなければならないが、通知の方法として、社内LANにおける通
知をすることができる。

ウ. 利用目的を変更した場合は、変更された利用目的について、本人に
通知しなければならないが、通知の方法として、口頭による通知を
することはできない。

エ. 利用目的を変更した場合は、変更された利用目的について、本人に
通知しなければならないが、通知の他に、公表することもできる。

解説　個人番号の利用目的の変更

　本問は、個人番号の利用目的の変更（個人情報保護法17条2項）に関す
る理解を問うものである。

ア適　切。本記述のとおりである。

イ適　切。本記述のとおりである。

ウ不適切。利用目的を変更した場合は、変更された利用目的について、
本人に通知しなければならないが、通知の方法として、口頭
による通知をすることができる。

エ適　切。利用目的を変更した場合は、変更された利用目的について、
本人に通知し、又は公表することができるので（個人情報保
護法21条3項）、通知の他に、公表することもできる。

解答　ウ

問題27. 委託の取扱いに関する以下のアからエまでの記述のうち、最も<u>適切ではない</u>ものを1つ選びなさい。

ア. 番号法における「委託」には、請負の形態も含まれる。

イ. 国外の事業者に対する委託の場合でも、委託元は監督義務を負う。

ウ. 委託先から特定個人情報が漏えいした場合、委託元は番号法違反に問われることがある。

エ. 個人番号関係事務の委託元は、個人番号の管理をすべて委託先に管理させれば、委託先に対する監督義務を負わない。

| 解説　委託の取扱い |

本問は、委託の取扱い（法10条、11条）に関する理解を問うものである。

ア適　切。番号法における「委託」には、契約の形態・種類を問わないので、請負の形態も含まれる。

イ適　切。委託先は国内外を問わず委託先に対する監督義務を負う。

ウ適　切。本記述のとおりである。

エ不適切。個人番号関係事務の委託元は、個人番号の管理をすべて委託先に管理させても、委託をしている以上、委託先に対する<u>監督義務を負う</u>。

| 解答　エ |

問題28. 委託の取扱いに関する以下のアからエまでの記述のうち、最も
　　　　<u>適切ではない</u>ものを1つ選びなさい。

　ア．個人番号関係事務の委託をする者は、当該委託に係る個人番号関係
　　　　事務において取り扱う特定個人情報の安全管理が図られるよう、当
　　　　該委託を受けた者に対する必要かつ適切な監督を行わなければなら
　　　　ない。

　イ．個人番号利用事務の委託を受けた者は、当該個人番号利用事務の委
　　　　託をした者の許諾を得た場合に限り、再委託をすることができる。

　ウ．個人番号関係事務の再委託を受けた者は、当該個人番号関係事務の
　　　　再委託をした者の許諾を得た場合は、再々委託をすることができる。

　エ．個人番号利用事務の委託を受けた者は、個人情報を効率的に検索し、
　　　　及び管理するために必要な限度で個人番号を利用することができる。

解説　委託の取扱い

　　本問は、委託の取扱い（法10条、11条）に関する理解を問うものである。

ア適　切。本記述のとおりである（法11条）。

イ適　切。本記述のとおりである（法10条1項）。

ウ不適切。個人番号関係事務の再委託を受けた者は、<u>最初に当該個人番
　　　　号関係事務の委託をした者</u>の許諾を得た場合は、再々委託を
　　　　することができる。（法10条2項）。

エ適　切。本記述のとおりである（法9条1項）。

解答　ウ

問題29. 委託の取扱いに関する以下のアからエまでの記述のうち、最も<u>適切ではない</u>ものを1つ選びなさい。

ア. 特定個人情報を取り扱う情報システムにクラウドサービス契約で外部の事業者を利用している場合、契約条項で当該事業者が個人番号をその内容に含む電子データを取り扱わない旨が定められ、適切にアクセス制御を行っている場合でも、番号法上の「委託」に該当する。

イ. クラウドサービスが番号法上の委託に該当しない場合、サービスを利用する事業者は、サービスを提供する事業者に対する監督義務を負わないが、自ら果たすべき安全管理措置の一環として、クラウドサービス事業者内にあるデータについて、適切な安全管理措置を講じなければならない。

ウ. 特定個人情報を取り扱う情報システムの保守サービスを提供する事業者がサービス内容として個人番号をその内容に含む電子データを取り扱う場合には、一部の「委託」に該当する。

エ. 委託に該当する保守サービスであって、保守のために記録媒体等を持ち帰ることが想定される場合は、あらかじめ特定個人情報の保管を委託し、安全管理措置を確認する必要がある。

解説	委託の取扱い

本問は、委託の取扱い（法10条、11条）に関する理解を問うものである。

ア不適切。特定個人情報を取り扱う情報システムにクラウドサービス契約で外部の事業者を利用している場合、契約条項で当該事業者が個人番号をその内容に含む電子データを取り扱わない旨が定められ、適切にアクセス制御を行っている場合には、番号法上「委託」に該当しない。

イ適　切。本記述のとおりである。

ウ適　切。本記述のとおりである。

エ適　切。本記述のとおりである。

解答	ア

問題30. 委託の取扱いに関する以下のアからエまでの記述のうち、最も適切ではないものを1つ選びなさい。

ア．委託先の選定にあたり、委託元は、委託先において委託元自らが果たすべき安全管理措置と同等の措置が講じられるか否か、あらかじめ確認しなければならない。

イ．委託先と締結する委託契約の内容には、秘密保持義務の規定を記載しなければならない。

ウ．委託元は、委託契約に基づき、報告を求めること等により、委託先における特定個人情報の取扱状況を把握しなければならない。

エ．再委託の場合、委託元の委託先の監督義務の内容には、委託先が再委託先に対して必要かつ適切な監督が行われているかどうかまでは含まれない。

解説　委託の取扱い

　本問は、委託の取扱い（法10条、11条）に関する理解を問うものである。

ア適　切。本記述のとおりである。

イ適　切。本記述のとおりである。

ウ適　切。本記述のとおりである。

エ不適切。再委託の場合、委託元の委託先の監督義務の内容には、委託先が再委託先に対して必要かつ適切な監督が行われているかどうかも含まれる。

解答　エ

問題31. 委託の取扱いに関する以下のアからエまでの記述のうち、最も
　　　　適切ではないものを１つ選びなさい。

　ア．特定個人情報の受渡しに関して、配送業者による配送手段を利用す
　　　ることは、個人番号関係事務又は個人番号利用事務の委託には該当
　　　しない。

　イ．特定個人情報の受渡しに関して、通信事業者による通信手段を利用
　　　することは、個人番号関係事務又は個人番号利用事務の委託には該
　　　当しない。

　ウ．事業者は、個人番号及び特定個人情報が漏えいしないよう、適切な
　　　外部事業者の選択を講ずる必要がある。

　エ．事業者は、配送業者が個人番号及び特定個人情報が漏えいするおそ
　　　れのある配送手段がなされようとしても、安全な配送方法を指定す
　　　る義務はない。

解説　委託の取扱い

　　本問は、委託の取扱い（法10条、11条）に関する理解を問うものである。

ア適　切。本記述のとおりである。

イ適　切。本記述のとおりである。

ウ適　切。本記述のとおりである。

エ不適切。事業者には、安全管理措置（法12条等）を講ずる義務が課せ
　　　　　られているので、個人番号及び特定個人情報が漏えいしない
　　　　　よう、安全な配送方法の指定等の措置を講じる義務がある。

解答　エ

問題32. 委託の取扱いに関する以下のアからエまでの記述のうち、最も適切ではないものを1つ選びなさい。

ア．外国の事業者に委託する場合、委託先の設備等を確認して、適切な委託先を選定しなければならない。

イ．外国の事業者に委託する場合、委託先における特定個人情報の取扱状況を把握しなければならず、当該外国の個人情報の保護に関する制度も把握する必要がある。

ウ．外国の事業者に委託する場合、委託先がさらに他の外国の事業者に再委託することはできない。

エ．外国の事業者に委託する場合、監督義務として、委託元は、委託先において個人番号取扱担当者が明確になっているか確認しなければならない。

解説　委託の取扱い

　本問は、委託の取扱い（法10条、11条）に関する理解を問うものである。

ア適　切。本記述のとおりである。

イ適　切。本記述のとおりである。

ウ不適切。このような規定はない。

エ適　切。本記述のとおりである。

解答　ウ

問題33. 委託の取扱いに関する以下のアからエまでの記述のうち、最も
適切ではないものを1つ選びなさい。

ア. 委託先に安全管理措置を遵守させるために、委託契約の方式として、
誓約書によることも認められる。

イ. 委託先・再委託先との業務委託契約において、番号法で認められる
事務の範囲内で委託する業務の範囲を特定する必要がある。

ウ. 再委託に係る委託元の許諾の取得方法について、必ず書面によらな
ければならない。

エ. 委託契約に定めれば、委託先が、委託元の従業員等の特定個人情報
を直接収集することができる。

> 解説　委託の取扱い

本問は、委託の取扱い（法10条、11条）に関する理解を問うものである。

ア適　切。本記述のとおりである。

イ適　切。本記述のとおりである。

ウ不適切。再委託に係る委託元の許諾の取得方法について、必ず書面に
よらなければならないわけではない。

エ適　切。本記述のとおりである。

> 解答　ウ

問題34. 委託の取扱いに関する以下のアからエまでの記述のうち、最も適切ではないものを1つ選びなさい。

ア．特定個人情報を取り扱う委託契約を締結する場合、個人情報の取扱いと特定個人情報の取扱いの条項を分別した契約にしなければならない。

イ．委託先に安全管理措置を遵守させるために、必ずしも委託契約書を交わさなければならないわけではなく、誓約書によることもできる。

ウ．既存の個人情報を取扱う委託契約で、特定個人情報の適正な取扱いに関するガイドラインと同等の個人情報の取扱いの規定がある場合は、特定個人情報の取扱いを追加しても、委託契約を再締結する必要はない。

エ．委託契約に定めれば、委託先が、委託元の従業員等の特定個人情報を直接収集することができる。

解説　委託の取扱い

　本問は、委託の取扱い（法10条、11条）に関する理解を問うものである。

ア不適切。番号法上の安全管理措置が遵守されるのであれば、特定個人情報を取り扱う委託契約を締結する場合、個人情報の取扱いと特定個人情報の取扱いの条項を分別した契約にする必要はない。

イ適　切。安全管理措置の内容に関する委託元・委託先間の合意内容を客観的に明確化できる手段であれば、書式の類型を問わないので、誓約書も認められる。

ウ適　切。本記述のとおりである。

エ適　切。本記述のとおりである。

解答　ア

問題35. 「特定個人情報の適正な取扱いに関するガイドライン（事業者編）」で示されている委託契約の取扱いに関する以下のアからエまでの記述のうち、最も<u>適切ではない</u>ものを1つ選びなさい。

ア．委託元は、委託先において、番号法に基づき委託元自らが果たすべき安全管理措置と同等の措置が講じられるか否かについて、委託契約締結後、遅滞なく、確認しなければならない。

イ．委託契約の締結については、契約内容として、秘密保持義務規定等を盛り込まなければならない。

ウ．委託契約の締結については、特定個人情報を取り扱う従業者の明確化、委託元が委託先に対して実地の調査を行うことができる規定等を盛り込むことが望ましい。

エ．特定個人情報を取り扱う委託契約を締結する場合、個人情報の取扱いと特定個人情報の取扱いの条項を分別した契約をする必要はない。

解説　委託の取扱い

　本問は、委託の取扱い（法10条、11条）に関する理解を問うものである。

ア不適切。委託元は、委託先において、番号法に基づき委託元自らが果たすべき安全管理措置と同等の措置が講じられるか否かについて、<u>あらかじめ確認しなければならない</u>。

イ適　切。本記述のとおりである。

ウ適　切。本記述のとおりである。

エ適　切。番号法上の安全管理措置が遵守されるのであれば、個人情報の取扱いと特定個人情報の取扱いの条項を分別した委託契約をする必要はない。

解答　ア

問題36. 委託の取扱いに関する以下のアからエまでの記述のうち、最も<u>適切</u>なものを1つ選びなさい。

ア. 委託先が最初の委託元の許諾を得ずに再委託を行い、委託先から特定個人情報が漏えいした場合には、最初の委託元は、委託先に対する監督責任を問われる可能性はない。

イ. 再委託先から特定個人情報が漏えいした場合、最初の委託元が、委託先に対する監督責任を問われる可能性がある。

ウ. 委託先は、再委託を行うに当たって、委託元の許諾を得れば、再委託先に対する監督責任を問われることはない。

エ. 委託先の監督義務に違反しても個人情報保護委員会の勧告の対象とはならない。

解説　委託の取扱い

　本問は、委託の取扱い（法10条、11条）に関する理解を問うものである。

ア不適切。委託先が最初の委託者の許諾を得ずに再委託を行う等、委託先から個人番号や特定個人情報が漏えい等した場合、最初の委託者は、委託先に対する監督責任を問われる可能性がある。

イ適　切。本記述のとおりである。

ウ不適切。委託先は、再委託を行うに当たって、委託者の許諾を得なければならず、また、再委託先に対して必要かつ適切な監督を行わなければならない。

エ不適切。委託先の監督義務に違反した場合、個人情報保護委員会の勧告の対象となる。

解答　イ

問題37. 個人番号利用事務実施者等の責務に関する以下のアからエまでの記述のうち、最も<u>適切ではない</u>ものを1つ選びなさい。

ア. 個人番号関係事務実施者である事業者は、派遣社員に対して安全管理措置としての必要かつ適切な監督を行う義務がある。

イ. 個人番号関係事務実施者である事業者は、生存する個人の個人番号だけでなく死者の個人番号についても安全管理措置を講じなければならない。

ウ. 個人番号関係事務実施者である事業者は、取締役に対して安全管理措置としての必要かつ適切な監督を行う義務はない。

エ. 事業者は、安全管理措置として、番号法のみならず個人情報保護法等も遵守しなければならない。

解説　個人番号利用事務実施者等の責務

　本問は、個人番号利用事務実施者等の責務（12条）に関する理解を問うものである。

ア適　切。個人番号関係事務実施者である事業者は、特定個人情報等を取り扱わせるに当たって、特定個人情報等の安全管理が図られるよう、当該従業者に対する監督義務があるが、この従業者には派遣社員も含まれる。

イ適　切。本記述のとおりである。

ウ不適切。個人番号関係事務実施者である事業者は、特定個人情報等を取り扱わせるに当たって、特定個人情報等の安全管理が図られるよう、当該従業者に対する監督義務があるが、この従業者には<u>取締役も含まれる</u>。

エ適　切。本記述のとおりである。

解答　ウ

問題38. 次の文章は、個人番号利用事務実施者等の責務に関するものである。以下のアからエまでのうち、文章中の（　　）に入る最も<u>適切</u><u>な</u>語句の組合せを1つ選びなさい。

（番号法12条）

（　a　）、個人番号の漏えい、滅失又は（　b　）の防止その他の個人番号の適切な管理のために必要な措置を（　c　）。

ア．a．何人も
　　b．保存
　　c．講じなければならない

イ．a．何人も
　　b．毀損
　　c．講じるよう努めなければならない

ウ．a．個人番号利用事務実施者及び個人番号関係事務実施者は
　　b．保存
　　c．講じるよう努めなければならない

エ．a．個人番号利用事務実施者及び個人番号関係事務実施者は
　　b．毀損
　　c．講じなければならない

解説　個人番号利用事務実施者等の責務

　本問は、個人番号利用事務実施者等の責務（12条）に関する理解を問うものである。

（番号法12条）

<u>個人番号利用事務実施者及び個人番号関係事務実施者は</u>、個人番号の漏えい、滅失又は<u>毀損</u>の防止その他の個人番号の適切な管理のために必要な措置を講じなければならない。

解答　エ

問題39. 「特定個人情報の適正な取扱いに関するガイドライン（事業者編）」の「（別添1）特定個人情報に関する安全管理措置（事業者編）」で示されている内容に関する以下のアからエまでの記述のうち、「中小規模事業者の対応」として最も適切なものを1つ選びなさい。

ア．中小規模事業者は、特定個人情報等の適正な取扱いのために、特定個人情報等の取扱状況の分かる記録を保存することが望ましい。

イ．中小規模事業者において、特定個人情報等に関する事務取扱担当者が複数いる場合、責任者と事務取扱担当者を区分することが望ましい。

ウ．ここでいう「中小規模事業者」とは、従業員の数が100人以下の事業者をいうが、この従業員の数は1月1日現在の従業員の数をいう。

エ．中小規模事業者は、個人番号を取り扱う事務の範囲等を明確化した上で、特定個人情報等の具体的な取扱いを定める取扱規程等を策定しなければならない。

解説　特定個人情報に関する安全管理措置（中小規模事業者）

　本問は、「特定個人情報の適正な取扱いに関するガイドライン（事業者編）」の「（別添1）特定個人情報に関する安全管理措置（事業者編）」で示されている内容における中小規模事業者の対応に関する理解を問うものである。

ア不適切。中小規模事業者は、特定個人情報等の適正な取扱いのために、特定個人情報等の取扱状況の分かる記録を保存しなければならない。

イ適　切。本記述のとおりである。

ウ不適切。中小規模事業者の判定における従業員の数は、原則、事業年度末の従業員の数で判定される。

エ不適切。中小規模事業者は、特定個人情報等の取扱い等を明確化しなければならないが、必ずしも特定個人情報等の具体的な取扱いを定める取扱規程等を策定しなければならないわけではない。

解答　イ

問題40.「特定個人情報の適正な取扱いに関するガイドライン（事業者編）」
の「（別添1）特定個人情報に関する安全管理措置（事業者編）」で
示されている内容に関する以下のアからエまでの記述のうち、最も
適切ではないものを1つ選びなさい。

ア．事業者は、特定個人情報等の取扱いを検討するに当たって、最初に
個人番号関係事務等の範囲を明確にしておかなければならない。

イ．事業者は、取り扱う特定個人情報等の範囲を明確にしておかなけれ
ばならないが、これは、使用される個人番号の範囲をいい、個人番
号と関連付けて管理される氏名、生年月日などの個人情報の範囲で
はない。

ウ．事業者は、個人番号関係事務等の範囲を明確にするだけでなく、当
該事務に従事する事務取扱担当者も明確にしておかなければならな
い。

エ．事業者は、個人番号関係事務等の範囲を明確にする等したうえで、
特定個人情報等の適正な取扱いの確保について組織として取り組む
ために、基本方針を策定することが重要である。

解説　特定個人情報に関する安全管理措置

　　本問は、「特定個人情報の適正な取扱いに関するガイドライン（事業者
編）」の「（別添1）特定個人情報に関する安全管理措置（事業者編）」で示
されている内容に関する理解を問うものである。

ア適　切。本記述のとおりである。

イ不適切。ここでいう特定個人情報等の範囲を明確にするとは、事務に
　　　　　おいて使用される個人番号及び個人番号と関連付けて管理さ
　　　　　れる個人情報の範囲を明確にすることをいう。

ウ適　切。本記述のとおりである。

エ適　切。本記述のとおりである。

解答　イ

問題41. 「特定個人情報の適正な取扱いに関するガイドライン（事業者編）」の「（別添１）特定個人情報に関する安全管理措置（事業者編）」で示されている内容に関する以下のアからエまでの記述のうち、最も適切ではないものを１つ選びなさい。

ア. 特定個人情報に関する安全管理措置として、特定個人情報を取り扱う事務に従事する従業者の明確化が求められるが、これは、個人名による明確化がなされていなければならず、例えば、部署名（〇〇課、〇〇係等）、事務名（〇〇事務担当者）等と表記することは、明確化がなされていないと解される。

イ. 特定個人情報に関する安全管理措置として、特定個人情報の範囲の明確化が求められるが、具体的には、事務において使用される個人番号及び個人番号と関連付けて管理される個人情報（氏名等）の範囲を明確にすることをいう。

ウ. 事業者は、個人番号及び特定個人情報の漏えい、滅失又は毀損の防止等のための安全管理措置の検討に当たり、（１）個人番号を取り扱う事務の範囲、（２）特定個人情報の範囲、（３）特定個人情報を取り扱う事務に従事する従業者を明確にすることが重要であるとされている。

エ. 事業者は、個人番号関係事務等の範囲を明確にする等したうえで、特定個人情報の適正な取扱いの確保について組織として取り組むために、基本方針を策定することが重要であるとされている。

解説　特定個人情報に関する安全管理措置

　　本問は、「特定個人情報の適正な取扱いに関するガイドライン（事業者編）」の「（別添1）特定個人情報に関する安全管理措置（事業者編）」で示されている内容に関する理解を問うものである。

ア不適切。特定個人情報に関する安全管理措置として、特定個人情報を取り扱う事務に従事する従業者の明確化が求められるが、個人名による<u>明確化でなくても</u>、例えば、部署名（○○課、○○係等）、事務名（○○事務担当者）等により、明確になれ<u>ば十分と考えられる</u>。
　　　　　なお、部署名等により事務取扱担当者の範囲が明確化できない場合には、事務取扱担当者を指名する等を行う必要があると考えられる。

イ適　切。本記述のとおりである。

ウ適　切。本記述のとおりである。

エ適　切。本記述のとおりである。

解答　ア

問題42.「特定個人情報の適正な取扱いに関するガイドライン（事業者編）」の「（別添1）特定個人情報に関する安全管理措置（事業者編）」で示されている内容に関する以下のアからエまでの記述のうち、「中小規模事業者の対応」として最も<u>適切ではない</u>ものを1つ選びなさい。

ア．中小規模事業者については、事務で取り扱う個人番号の数量が少なく、また、特定個人情報を取り扱う従業者が限定的であること等から、特例的な対応方法が示されている。

イ．委託に基づいて個人番号関係事務又は個人番号利用事務を業務として行う事業者は、中小規模事業者から除かれている。

ウ．中小規模事業者とは、事業者のうち従業員の数が100人以下の事業者をいうが、医療・介護関係の事業者は従業員の数が100人以下の事業者であっても、中小規模事業者に該当し得ない。

エ．その事業の用に供する個人情報データベース等を構成する個人情報によって識別される特定の個人の数の合計が過去6月以内のいずれかの日において5,000を超える事業者は、中小規模事業者から除かれている。

解説　特定個人情報に関する安全管理措置（中小規模事業者）

　「特定個人情報の適正な取扱いに関するガイドライン（事業者編）」の「（別添1）特定個人情報に関する安全管理措置（事業者編）」で示されている「中小規模事業者」の内容に関する理解を問うものである。

ア適　切。本記述のとおりである。

イ適　切。本記述のとおりである。

ウ不適切。「（別添1）特定個人情報に関する安全管理措置（事業者編）」において、医療・介護関係の事業者を中小規模事業者から除外する旨は、明記されていない。

エ適　切。本記述のとおりである。

解答　ウ

問題43.「特定個人情報の適正な取扱いに関するガイドライン（事業者編）」
の「（別添1）特定個人情報に関する安全管理措置（事業者編）」で
示されている、事業者が講ずべき組織的安全管理措置の内容につい
て、以下のアからエまでの記述のうち、最も<u>適切ではないもの</u>を1
つ選びなさい。

ア．組織的安全管理措置として、取扱規程等に基づく運用を行うととも
に、その状況を確認するため、特定個人情報等の利用状況等を記録
することが求められているが、その手法の例示として、記録する項
目に「書類・媒体等の持ち運びの記録」が挙げられている。

イ．組織的安全管理措置として、安全管理措置を講ずるための組織体制
を整備することが求められているが、その手法の例示として、当該
組織体制として整備する項目に漏えい等事案の発生又は兆候を把握
した場合の従業者から責任者等への報告連絡体制が挙げられている。

ウ．組織的安全管理措置として、取扱規程等に基づく運用を行うととも
に、その状況を確認するため、システムログ又は利用実績を記録す
ることが求められている。

エ．組織的安全管理措置として、特定個人情報等の取扱状況を把握し、
安全管理措置の評価、見直し及び改善に取り組むことが求められ
ているが、その手法の例示として、特定個人情報等の取扱い状況に
ついて、定期的に自ら行う点検は挙げられているが、他部署等によ
る監査を実施することは挙げられていない。

解説　特定個人情報に関する安全管理措置（組織的安全管理措置）

　本問は、「特定個人情報の適正な取扱いに関するガイドライン（事業者編）」の「（別添1）特定個人情報に関する安全管理措置（事業者編）」で示されている、事業者が講ずべき組織的安全管理措置の内容に関する理解を問うものである。

ア適　切。本記述のとおりである。

イ適　切。本記述のとおりである。

ウ適　切。本記述のとおりである。

エ不適切。組織的安全管理措置として、特定個人情報等の取扱状況を把握し、安全管理措置の評価、見直し及び改善に取り組むことが求められているが、その手法の例示として、特定個人情報等の取扱い状況について、定期的に自ら行う点検又は他部署等による監査を実施することが挙げられている。

解答　エ

問題44.「特定個人情報の適正な取扱いに関するガイドライン（事業者編）」
　　　の「（別添１）特定個人情報に関する安全管理措置（事業者編）」で
　　　示されている内容に関する以下のアからエまでの記述のうち、最も
　　　適切ではないものを１つ選びなさい。

ア．取扱規程等の策定における基本方針において、定める項目の手法の
　　例示として、「事業者の名称」は挙げられていない。

イ．取扱規程等は、取得、利用、保存、提供、削除・廃棄の各段階ごとに、
　　取扱方法、責任者・事務取扱担当者及びその任務等について定めるこ
　　とが考えられる。

ウ．既存の個人情報の保護に係る取扱規程等がある場合には、特定個人
　　情報の取扱いを追記する形にすることもできる。

エ．事業者は、取扱規程等に基づく運用を行うとともに、その状況を確
　　認するため、特定個人情報等の利用状況等を記録しなければならな
　　い。

解説　特定個人情報に関する安全管理措置

　本問は、「特定個人情報の適正な取扱いに関するガイドライン（事業者
編）」の「（別添１）特定個人情報に関する安全管理措置（事業者編）」で示
されている内容に関する理解を問うものである。

ア不適切。取扱規程等の策定における基本方針において、定める項目の
　　　　　手法の例示として、「事業者の名称」が挙げられている。
イ適　切。本記述のとおりである。
ウ適　切。本記述のとおりである。
エ適　切。本記述のとおりである。

解答　ア

問題45.「特定個人情報の適正な取扱いに関するガイドライン（事業者編）」
　　　　の「（別添1）特定個人情報に関する安全管理措置（事業者編）」で
　　　　示されている、事業者が講ずべき物理的安全管理措置の手法の例示
　　　　として、以下のアからエまでの記述のうち、最も適切ではないもの
　　　　を1つ選びなさい。

　ア．特定個人情報等が記載された書類等を安全に持ち運ぶ方法としては、
　　　封緘、目隠しシールの貼付、追跡可能な移送手段の利用等が考えら
　　　れる。

　イ．特定個人情報等を取り扱う機器、電子媒体又は書類等を、施錠でき
　　　るキャビネット・書庫等に保管することが考えられる。

　ウ．情報システムと外部ネットワークとの接続箇所に、ファイアウォー
　　　ル等を設置し、不正アクセスを遮断することが考えられる。

　エ．入退室管理方法としては、ICカード、ナンバーキー等による入退室
　　　管理システムの設置等が考えられる。

解説　物理的安全管理措置

　本問は、「特定個人情報の適正な取扱いに関するガイドライン（事業者
編）」の「（別添1）特定個人情報に関する安全管理措置（事業者編）」で示
されている、事業者が講ずべき物理的安全管理措置の内容に関する理解を
問うものである。

ア適　切。本記述のとおりである。

イ適　切。本記述のとおりである。

ウ不適切。技術的安全管理措置の手法の例示である。

エ適　切。本記述のとおりである。

解答　ウ

問題46. 「特定個人情報の適正な取扱いに関するガイドライン（事業者編）」の「（別添1）特定個人情報に関する安全管理措置（事業者編）」で示されている、事業者が講ずべき物理的安全管理措置の内容について、以下のアからエまでの記述のうち、最も<u>適切ではない</u>ものを1つ選びなさい。

ア．特定個人情報ファイルを取り扱うサーバ等を管理する区域を明確にし、物理的な安全管理措置を講じなければならない。

イ．特定個人情報等を取り扱う事務を実施する区域について、間仕切りを設置する等事務取扱担当者等以外の者が特定個人情報等を容易に閲覧等できないよう留意する必要がある。

ウ．事業所内での移動とは異なり、事務所外での移動については特定個人情報等の紛失・盗難等に留意して特定個人情報等が記録された電子媒体又は書類等を持ち運ばなければならない。

エ．特定個人情報等が記載された書類等を安全に持ち運ぶ方法としては、封緘、目隠しシールの貼付、追跡可能な移送手段の利用等が考えられる。

| 解説 物理的安全管理措置 |

本問は、「特定個人情報の適正な取扱いに関するガイドライン（事業者編）」の「（別添1）特定個人情報に関する安全管理措置（事業者編）」で示されている、事業者が講ずべき物理的安全管理措置の内容に関する理解を問うものである。

ア適　切。本記述のとおりである。

イ適　切。本記述のとおりである。

ウ不適切。事業所内での移動等であっても、特定個人情報等の紛失・盗難等に留意する必要があるので、「事業所内での移動とは異なり」としている点で誤り。

エ適　切。本記述のとおりである。

| 解答　ウ |

問題47. 「特定個人情報の適正な取扱いに関するガイドライン（事業者編）」の「（別添２）特定個人情報の漏えい等に関する報告等（事業者編）」で示されている内容に関する以下のアからエまでの記述のうち、最も適切ではないものを１つ選びなさい。

ア. 漏えい等事案が発覚し、個人の権利利益を害するおそれが大きい場合は、特定個人情報を取り扱う事業者は、原則として、個人情報保護委員会に報告しなければならないが、高度な暗号化等の秘匿化がされている場合等、「高度な暗号化その他の個人の権利利益を保護するために必要な措置」が講じられている場合については、報告を要しない。

イ. 漏えい等事案が発覚し、個人の権利利益を害するおそれが大きい場合は、特定個人情報を取り扱う事業者は、当該事案が生じた旨を本人に通知しなければならない。

ウ. 特定個人情報が記載された書類を第三者に誤送付した場合は、特定個人情報の漏えいに該当する。

エ. 特定個人情報ファイルから出力された氏名等が記載された帳票等を誤って廃棄した場合、特定個人情報の滅失に該当し、その内容と同じデータが他に保管されている場合であっても、滅失に該当する。

解説　特定個人情報の漏えい等に関する報告等

　本問は、「特定個人情報の適正な取扱いに関するガイドライン（事業者編）」の「（別添２）特定個人情報の漏えい等に関する報告等（事業者編）」で示されている内容に関する理解を問うものである。

ア適　切。本記述のとおりである。

イ適　切。本記述のとおりである。（法29条の４　２項）

ウ適　切。本記述のとおりである。

エ不適切。特定個人情報ファイルから出力された氏名等が記載された帳票等を誤って廃棄した場合、特定個人情報の滅失に該当するが、その内容と同じデータが他に保管されている場合は、滅失に該当しない。

解答　エ

問題48.「特定個人情報の適正な取扱いに関するガイドライン（事業者編）」
の「（別添２）特定個人情報の漏えい等に関する報告等（事業者編）」
で示されている内容に関する以下のアからエまでの記述のうち、最
も適切ではないものを１つ選びなさい。

ア．漏えい等事案が発覚した場合は、特定個人情報を取り扱う事業者は、
責任ある立場の者に直ちに報告するとともに、被害が発覚時よりも
拡大しないよう必要な措置を講じなければならない。

イ．漏えい等事案が発覚した場合は、特定個人情報を取り扱う事業者
は、事実関係の調査及び原因の究明に必要な措置を講じなければ
ならない。

ウ．漏えい等事案が発覚し、個人の権利利益を害するおそれが大きい場
合は、特定個人情報を取り扱う事業者は、原則として、個人情報保
護委員会に報告しなければならない。

エ．漏えい等事案が発覚し、個人の権利利益を害するおそれが大きい場
合は、特定個人情報を取り扱う事業者は、当該事案が生じた旨を本
人に通知してはならない。

解説　特定個人情報の漏えい等に関する報告等

　本問は、「特定個人情報の適正な取扱いに関するガイドライン（事業者
編）」の「（別添２）特定個人情報の漏えい等に関する報告等（事業者編）」
で示されている内容に関する理解を問うものである。

ア適　切。本記述のとおりである。

イ適　切。本記述のとおりである。（法29条の４　２項）

ウ適　切。本記述のとおりである。

エ不適切。漏えい等事案が発覚し、個人の権利利益を害するおそれが大
きい場合は、特定個人情報を取り扱う事業者は、当該事案が
生じた旨を本人に通知しなければならない。

解答　エ

問題49. 個人番号の提供の要求に関する以下のアからエまでの記述のうち、最も適切ではないものを1つ選びなさい。

ア. 事業者は、従業員に対し、健康保険・厚生年金保険届出事務に必要な個人番号の提供を求めることができる。

イ. 事業者は、従業員に対し、給与の源泉徴収事務のため、当該従業員の扶養家族の個人番号を記載した扶養控除等申告書の提出を求めることができる。

ウ. 事業者は、講演料の支払先に対し、支払調書作成事務に必要な個人番号の提供を求めることができない。

エ. 個人番号利用事務実施者は、個人番号利用事務を処理するために必要があるときは、他の個人番号利用事務実施者に対し個人番号の提供を求めることができる。

解説　個人番号の提供の要求

　本問は、個人番号の提供の要求（法14条）に関する理解を問うものである。

ア適　切。本記述のとおりである。

イ適　切。本記述のとおりである。

ウ不適切。事業者は、講演料の支払先に対し、支払調書作成事務に必要な個人番号の提供を求めることができる。

エ適　切。本記述のとおりである。

解答　ウ

問題50. 個人番号の提供の要求に関する以下のアからエまでの記述のうち、最も適切ではないものを1つ選びなさい。

ア. 事業者は、従業員に対し、健康保険・厚生年金保険届出事務に必要な個人番号の提供を求めることができる。

イ. 事業者は、従業員に対し、給与の源泉徴収事務のため、当該従業員の扶養家族の個人番号を記載した扶養控除等申告書の提出を求めることができる。

ウ. 個人番号利用事務実施者は、他の個人番号利用事務実施者に対し個人番号の提供を求めることができない。

エ. 事業者は、講演料の支払先に対し、支払調書作成事務に必要な個人番号の提供を求めることができる。

解説　個人番号の提供の要求

　　本問は、個人番号の提供の要求（法14条）に関する理解を問うものである。

ア適　切。本記述のとおりである。

イ適　切。本記述のとおりである。

ウ不適切。個人番号利用事務実施者は、個人番号利用事務を処理するために必要があるときは、他の個人番号利用事務実施者に対し個人番号の提供を求めることができる。

エ適　切。本記述のとおりである。

解答　ウ

問題51．個人番号の提供の要求に関する以下のアからエまでの記述のうち、最も<u>適切</u>なものを1つ選びなさい。

ア．従業員持株会は、従業員等が所属会社に入社した時点において、従業員等に個人番号の提供を求めることができる。

イ．正式な内定通知がなされ、入社に関する誓約書を提出した場合等、確実に雇用されることが予想される場合には、その時点で個人番号の提供を求めることができる。

ウ．法定調書の作成などに際し、従業員等から個人番号の提供を受けられない場合、従業員等に対して個人番号の記載は法律で定められた義務であることを伝える必要があるが、当該義務である旨を伝えても提供を受けられない場合、提供等を求めた経過等の記録や保存は不要である。

エ．人材派遣会社に登録したのみであり、雇用されるかどうかは未定であっても、人材派遣会社は、原則として、登録者の個人番号の提供を求めることができる。

解説　個人番号の提供の要求

　　本問は、個人番号の提供の要求（法14条）に関する理解を問うものである。

ア不適切。従業員等が所属会社に入社した時点では、個人番号関係事務の処理のために必要がある場合とはいえないため、持株会が従業員等に個人番号の提供を<u>求めることはできない</u>。

イ適　切。本記述のとおりである。

ウ不適切。法定調書の作成などに際し、従業員等から個人番号の提供を受けられない場合、従業員等に対して個人番号の記載は法律で定められた義務であることを伝える必要がある。また、当該義務である旨を伝えても提供を受けられない場合は、提供等を求めた経過等を記録し、<u>保存しなければならない</u>。

エ不適切。人材派遣会社に登録したのみでは、雇用されるかどうかは未定で個人番号関係事務の発生が予想されず、いまだ給与の源泉徴収事務等の個人番号関係事務を処理する必要性が認められるとはいえないため、原則として登録者の個人番号の提供を<u>求めることはできない</u>。

解答　イ

問題52. 個人番号の提供の要求に関する以下のアからエまでの記述のうち、最も適切ではないものを1つ選びなさい。

ア. 従業員持株会は、従業員が所属会社に入社した時点で、当該従業員に対し、個人番号の提供を求めることはできない。

イ. 人材派遣会社は、派遣登録時にしか本人確認をした上で個人番号の提供を求める機会がなく、実際に雇用する際の給与支給条件等を決める等、近い将来雇用契約が成立する蓋然性が高いと認められる場合には、登録時点で、登録者の個人番号の提供を求めることができる。

ウ. 新入社員を採用する場合、事業者は、入社の時点で個人番号の提供を求めなければならず、正式な内定通知がなされ、入社に関する誓約書を提出した時点で提供を求めてはならない。

エ. 不動産の地代等の支払に伴う支払調書の作成事務の場合は、賃料の金額により契約の締結時点で支払調書の作成が不要であることが明らかである場合を除き、契約の締結時点で個人番号の提供を求めることができる。

解説　個人番号の提供の要求

本問は、個人番号の提供の要求（法14条）に関する理解を問うものである。

ア適　切。本記述のとおりである。

イ適　切。本記述のとおりである。

ウ不適切。いわゆる「内定者」については、その立場や状況が個々に異なることから一律に取り扱うことはできないが、例えば、正式な内定通知がなされ、入社に関する誓約書を提出した場合等、「内定者」が確実に雇用されることが予想される場合には、その時点で個人番号の提供を求めることができる。

エ適　切。本記述のとおりである。

解答　ウ

問題53. 個人番号の提供の求めの制限に関する以下のアからエまでの記述のうち、最も適切ではないものを1つ選びなさい。

ア. 地方公共団体は、給与の源泉徴収事務を処理する目的で、給与受給者である職員に対し、個人番号の提供を求めることができる。

イ. 地方公共団体は、地方税の賦課・徴収に関する事務を実施する目的で、住民本人に対し、個人番号の提供を求めることができる。

ウ. 地方公共団体は、生活保護その他の社会保障給付に関する事務を実施する目的で、住民本人に対し、個人番号の提供を求めることができる。

エ. 地方公共団体は、職員の人事評価を管理する目的で、給与受給者である職員に対し、個人番号の提供を求めることができる。

解説　個人番号の提供の求めの制限

　　本問は、個人番号の提供の求めの制限（法15条）に関する理解を問うものである。

ア適　切。地方公共団体は、給与の源泉徴収事務を処理する目的で、給与受給者である職員に対し、個人番号の提供を求めることができる。

イ適　切。地方公共団体は、地方税の賦課・徴収に関する事務を実施する目的で、住民本人に対し、個人番号の提供を求めることができる。

ウ適　切。地方公共団体は、生活保護その他の社会保障給付に関する事務を実施する目的で、住民本人に対し、個人番号の提供を求めることができる。

エ不適切。地方公共団体は、職員の人事評価を管理する目的で、個人番号の提供を求めることができない。

解答　エ

問題54. 個人番号の提供の求めの制限に関する以下のアからエまでの記述の
うち、最も<u>適切ではない</u>ものを1つ選びなさい。

ア．事業者は、従業員等の営業成績等を管理する目的で、個人番号の提
供を求めてはならない。

イ．事業者が特定個人情報を提供できるのは、社会保障、税及び災害対
策に関する特定の事務のために従業員等の特定個人情報を行政機関
等及び健康保険組合等に提供する場合等に限られる。

ウ．営業部に所属する従業員等の個人番号が、営業部庶務課を通じ、給
与所得の源泉徴収票を作成する目的で経理部に提出された場合には、
提供に該当する。

エ．身分証明書等として個人番号カードを提示する場合に、意図せずに
裏面の個人番号を見られた等により個人番号が閲覧されただけでは、
特定個人情報の提供に該当しない。

解説　個人番号の提供の求めの制限

　　本問は、個人番号の提供の求めの制限（法15条）に関する理解を問うも
のである。

ア適　切。本記述のとおりである。

イ適　切。本記述のとおりである。

ウ不適切。営業部に所属する従業員等の個人番号が、営業部庶務課
を通じ、給与所得の源泉徴収票を作成する目的で経理部
に提出された場合には、「提供」ではなく、「利用」に該
当する。

エ適　切。本記述のとおりである。

解答　ウ

問題55. 個人番号の提供の求めの制限に関する以下のアからエまでの記述の
うち、最も<u>適切ではない</u>ものを1つ選びなさい。

ア．事業者は、従業員等の営業成績等を管理する目的で、個人番号の提
供を求めてはならない。

イ．事業者が特定個人情報を提供できるのは、社会保障、税及び災害対
策に関する特定の事務のために従業員等の特定個人情報を行政機関
等及び健康保険組合等に提供する場合等に限られる。

ウ．営業部に所属する従業員等の個人番号が、営業部庶務課を通じ、給
与所得の源泉徴収票を作成する目的で経理部に提出された場合には、
提供に該当する。

エ．身分証明書等として個人番号カードを提示する場合に、意図せずに
裏面の個人番号を見られた等により個人番号が閲覧されただけでは、
特定個人情報の提供に該当しない。

解説　個人番号の提供の求めの制限

　　本問は、個人番号の提供の求めの制限（法15条）に関する理解を問うも
のである。

ア適　切。事業者は、給与の源泉徴収事務を処理する目的で、従業員等
に対し、個人番号の提供を求めることとなる。一方、従業員
等の営業成績等を管理する目的で、個人番号の提供を求めて
はならない。

イ適　切。本記述のとおりである。

ウ不適切。営業部に所属する従業員等の個人番号が、営業部庶務課を通
じ、給与所得の源泉徴収票を作成する目的で経理部に提出さ
れた場合には、「提供」ではなく、<u>「利用」に該当する</u>。

エ適　切。本記述のとおりである。

解答　ウ

問題56. 個人番号の提供の求めの制限に関する以下のアからエまでの記述の
うち、最も<u>適切ではない</u>ものを1つ選びなさい。

ア. 地方公共団体は、給与の源泉徴収事務を処理する目的で、給与受給
者である職員に対し、個人番号の提供を求めることができる。

イ. 地方公共団体は、職員の人事評価を管理する目的で、給与受給者で
ある職員に対し、個人番号の提供を求めることができない。

ウ. 地方公共団体は、地方税の賦課・徴収に関する事務を実施する目的
で、住民本人に対し、個人番号の提供を求めることができる。

エ. 地方公共団体は、生活保護その他の社会保障給付に関する事務を実
施する目的で、住民本人に対し、個人番号の提供を求めることがで
きない。

解説　個人番号の提供の求めの制限

　本問は、個人番号の提供の求めの制限（法15条）に関する理解を問うも
のである。

ア適　切。本記述のとおりである。

イ適　切。本記述のとおりである。

ウ適　切。本記述のとおりである。

エ不適切。地方公共団体は、生活保護その他の社会保障給付に関する事
務を実施する目的で、住民本人に対し、個人番号の提供を求
めることができる。

解答　エ

問題57. 相続税及び贈与税の申告書における個人番号の記載の要否に関する
　　　　以下のアからエまでの記述のうち、最も<u>適切な</u>ものを 1 つ選びなさ
　　　　い。

ア．贈与により財産を取得した者が贈与税の申告書を提出する場合、贈
　　与税の申告書には、申告する者（財産の贈与を受けた者）の個人番
　　号の記載は不要である。

イ．贈与により財産を取得した者が贈与税の申告書を提出する場合、贈
　　与税の申告書には、贈与者（財産の贈与をした者）の個人番号の記
　　載は不要である。

ウ．相続などにより財産を取得した者が相続税の申告書を提出する場合、
　　相続税の申告書には、申告する者（相続などにより財産を取得した
　　者）の個人番号の記載は不要である。

エ．相続などにより財産を取得した者が相続税の申告書を提出する場合、
　　相続税の申告書には、被相続人（亡くなった者）の個人番号の記載
　　は必要である。

解説　相続税・贈与税の申告書における個人番号の記載の要否

　　本問は、相続税及び贈与税の申告書における個人番号の記載の要否に関
する理解を問うものである。

ア不適切。贈与により財産を取得した者が贈与税の申告書を提出する場
　　　　　合、贈与税の申告書には、申告する者（財産の贈与を受けた
　　　　　者）の個人番号の記載は<u>必要である</u>。

イ適　切。本記述のとおりである。

ウ不適切。相続などにより財産を取得した者が相続税の申告書を提出す
　　　　　る場合、相続税の申告書には、申告する者（相続などにより
　　　　　財産を取得した者）の個人番号の記載は<u>必要である</u>。

エ不適切。相続などにより財産を取得した者が相続税の申告書を提出す
　　　　　る場合、相続税の申告書には、被相続人（亡くなった者）の
　　　　　個人番号の記載は<u>不要である</u>。

解答　イ

問題58. 相続税及び贈与税の申告書における個人番号の記載の要否に関する
以下のアからエまでの記述のうち、最も<u>適切な</u>ものを1つ選びなさ
い。

ア. 相続などにより財産を取得した者が相続税の申告書を提出する場合、
相続税の申告書には、申告する者（相続などにより財産を取得した
者）の個人番号の記載は不要である。

イ. 相続などにより財産を取得した者が相続税の申告書を提出する場合、
相続税の申告書には、被相続人（亡くなった者）の個人番号の記載
は不要である。

ウ. 贈与により財産を取得した者が贈与税の申告書を提出する場合、贈
与税の申告書には、贈与者（財産の贈与をした者）の個人番号の記
載が必要である。

エ. 贈与により財産を取得した者が贈与税の申告書を提出する場合、贈
与税の申告書には、申告する者（財産の贈与を受けた者）の個人番
号の記載は不要である。

| 解説　相続税・贈与税の申告書における個人番号の記載の要否 |

　本問は、相続税及び贈与税の申告書における個人番号の記載の要否に関する理解を問うものである。

ア不適切。相続などにより財産を取得した者が相続税の申告書を提出する場合、相続税の申告書には、被相続人（亡くなった者）の個人番号の記載は不要であるが、申告する者（相続などにより財産を取得した者）の個人番号の記載は必要である。

イ適　切。相続などにより財産を取得した者が相続税の申告書を提出する場合、相続税の申告書には、被相続人（亡くなった者）の個人番号の記載は不要である。従前は、相続税の申告書において被相続人（亡くなった者）の個人番号を記載する必要があったが、平成28年 1 月以降に相続・遺贈により取得する財産に係る相続税の申告書（平成28年10月以降に提出するもの）については、申告書に被相続人（亡くなった者）の個人番号の記載は不要となっている。

ウ不適切。贈与により財産を取得した者が贈与税の申告書を提出する場合、贈与税の申告書には、申告する者（財産の贈与を受けた者）の個人番号の記載は必要であるが、贈与者（財産の贈与をした者）の個人番号の記載は不要である。

エ不適切。贈与により財産を取得した者が贈与税の申告書を提出する場合、贈与税の申告書には、贈与者（財産の贈与をした者）の個人番号の記載は不要であるが、申告する者（財産の贈与を受けた者）の個人番号の記載は必要である。

| 解答　イ |

問題59. 本人確認の措置に関する以下のアからエまでの記述のうち、最も適切なものを１つ選びなさい。

　　　　※本問における各書類は、提示時において有効であるものとする。

ア．事業者は、源泉徴収票及び運転免許証の提示を受けることにより、本人確認の措置をとることができる。

イ．事業者は、国民健康保険の被保険者証及び印鑑登録証明書の提示を受けることにより、本人確認の措置をとることができる。

ウ．事業者は、当該提供をする者から運転免許証の提示を受けることにより、本人確認の措置をとることができる。

エ．事業者は、当該提供をする者から個人番号カードの提示を受けることにより、本人確認の措置をとることができる。

解説　本人確認の措置

　　本問は、本人確認の措置（法16条）に関する理解を問うものである。

ア不適切。事業者は、源泉徴収票及び運転免許証の提示を受けることでは、番号確認ができないため、本人確認の措置をとることができない。（法16条、令12条１項、則２条参照）

イ不適切。事業者は、国民健康保険の被保険者証及び印鑑登録証明書の提示を受けることにより、身元確認はできるが、番号確認ができないため、本人確認の措置をとることができない。

ウ不適切。事業者は、運転免許証の提示を受けることにより、身元確認はできるが、番号確認ができないため、本人確認の措置をとることができない。（法16条、令12条１項、則１条１号）

エ適　切。本記述のとおりである。（法16条）

解答　エ

問題60. 対面で個人番号の提供を受ける場合の本人確認の措置に関する以下のアからエまでの記述のうち、最も<u>適切ではない</u>ものを1つ選びなさい。

　　　※本問における各書類は、提示時において有効であるものとする。

ア．事業者は、本人から対面で個人番号の提供を受ける場合、運転免許証及び印鑑登録証明書の提示を受けることによって、本人確認の措置をとることはできない。

イ．事業者は、本人から対面で個人番号の提供を受ける場合、本人の個人番号カードのみの提示を受けることによって、本人確認の措置をとることができる。

ウ．事業者は、本人から対面で個人番号の提供を受ける場合、運転免許証及び特別永住者証明書（写真表示あり）の提示を受けることによって、本人確認の措置をとることはできない。

エ．事業者は、本人から対面で個人番号の提供を受ける場合、本人の個人番号通知書及び運転免許証の提示を受けることによって、本人確認の措置をとることができる。

| 解説　対面で個人番号の提供を受ける場合の本人確認の措置 |

本問は、対面で個人番号の提供を受ける場合の本人確認の措置（法16条）に関する理解を問うものである。

ア適　切。事業者は、本人から対面で個人番号の提供を受ける場合、運転免許証及び印鑑登録証明書の提示を受けることによって、本人確認の措置をとることはできない。本記述の場合、個人番号を証明する書類がないからである。

イ適　切。本記述のとおりである。

ウ適　切。事業者は、本人から対面で個人番号の提供を受ける場合、運転免許証及び特別永住者証明書（写真表示あり）の提示を受けることによって、本人確認の措置をとることはできない。本記述の場合、個人番号を証明する書類がないからである。

エ不適切。事業者は、本人から個人番号の提供を受ける場合、本人の個人番号通知書及び運転免許証の提示を受けることによっては、本人確認の措置をとることができない。個人番号通知書は、個人番号を証明する書類として使用することはできないからである。

| 解答　エ |

問題61. 本人確認の措置に関する以下のアからエまでの記述のうち、最も適切なものを1つ選びなさい。

　　　※本問における各書類は、提示時において有効であるものとする。

ア．事業者が、本人の法定代理人（親権者）から個人番号の提供を受ける場合、代理人の戸籍謄本、代理人の個人番号カード、本人の個人番号カード、以上3つの提示を受けることでは、本人確認の措置をとることができない。

イ．事業者が、本人の法定代理人（親権者）から個人番号の提供を受ける場合、代理人の委任状、代理人の個人番号カード、本人の個人番号カード、以上3つの提示を受けることでは、本人確認の措置をとることができない。

ウ．事業者が、本人の任意代理人から個人番号の提供を受ける場合、代理人の委任状、代理人の個人番号カード、本人の個人番号カード、以上3つの提示を受けることでは、本人確認の措置をとることができない。

エ．事業者が、本人の任意代理人から個人番号の提供を受ける場合、代理人の委任状、代理人の運転免許証、本人の個人番号カード、以上3つの提示を受けることでは、本人確認の措置をとることができない。

解説　本人確認の措置

　本問は、本人確認の措置（法16条）に関する理解を問うものである。

ア不適切。本人確認の措置をとることができる。（則6条1項1号、則7条1項1号、則8条）

イ適　切。本記述のとおりである。（則6条1項1号参照）

ウ不適切。本人確認の措置をとることができる。（則6条1項2号、則7条1項1号、則8条）

エ不適切。本人確認の措置をとることができる。（則6条1項2号、則7条1項1号、則8条）

解答　イ

問題62. 事業者が、雇用関係にある従業員から扶養親族（配偶者等）の個人
番号を取得する場合における本人確認の措置に関する以下のアか
らエまでの記述のうち、最も<u>適切な</u>ものを1つ選びなさい。

ア．従業員が事業者に対して、扶養親族の個人番号を給与所得者の扶養
控除等（異動）申告書に記載して提出する場合、従業員は、事業者
への提出義務者である扶養親族の代理人であるから、事業者は、扶
養親族の本人確認の措置を行う必要はない。

イ．従業員が事業者に対して、扶養親族の個人番号を給与所得者の扶養
控除等（異動）申告書に記載して提出する場合、従業員は、事業者
への提出義務者であるから、事業者は、扶養親族の本人確認の措置
を行う必要はない。

ウ．従業員（第2号被保険者）が事業者に対して、扶養親族が国民年金
の第3号被保険者に該当する旨の届出をした場合、従業員は、事業
者への提出義務者である第3号被保険者の代理人であるから、事業
者は、第3号被保険者の本人確認の措置を行う必要はない。

エ．従業員（第2号被保険者）が事業者に対して、扶養親族が国民年金
の第3号被保険者に該当する旨の届出をした場合、従業員は、事業
者への提出義務者であるから、事業者は、第3号被保険者の本人確
認の措置を行う必要がある。

解説　本人確認の措置

　　本問は、本人確認の措置（法16条）に関する理解を問うものである。

ア不適切。事業者の従業員（個人番号関係事務実施者）は、所得税法194
　　　　　条1項の規定に従って、給与所得者の扶養控除等（異動）申
　　　　　告書の提出という個人番号関係事務を処理するために、事業
　　　　　者（個人番号関係事務実施者）に対し、その扶養親族の個人
　　　　　番号を記載した給与所得者の扶養控除等（異動）申告書を提
　　　　　出することとなる（法19条2号）。事業者が扶養親族の本人確
　　　　　認の措置を行う必要はないとしている点は正しいが、従業員
　　　　　は、事業者への提出義務者であり、扶養親族の代理人ではな
　　　　　い。

イ適　切。事業者の従業員（個人番号関係事務実施者）は、所得税法194
　　　　　条1項の規定に従って、給与所得者の扶養控除等（異動）申
　　　　　告書の提出という個人番号関係事務を処理するために、事業
　　　　　者（個人番号関係事務実施者）に対し、その扶養親族の個人
　　　　　番号を記載した給与所得者の扶養控除等（異動）申告書を提
　　　　　出することとなる（19条2号）。従業員は、事業者への提出義
　　　　　務者であり、事業者は、扶養親族の本人確認の措置を行う必
　　　　　要はない。

ウ不適切。従業員（第2号被保険者）が事業者に対して、扶養親族が国
　　　　　民年金の第3号被保険者に該当する旨の届出をした場合、第
　　　　　3号被保険者が事業者への提出義務者となる。従業員は、事
　　　　　業者への提出義務者である第3号被保険者の代理人であるか
　　　　　ら、事業者は、第3号被保険者の本人確認の措置を行う必要
　　　　　がある。

エ不適切。従業員（第2号被保険者）が事業者に対して、扶養親族が国
　　　　　民年金の第3号被保険者に該当する旨の届出をした場合、第
　　　　　3号被保険者が事業者への提出義務者となる。事業者が第3
　　　　　号被保険者の本人確認の措置を行う必要があるとしている点
　　　　　は正しいが、従業員は、事業者への提出義務者である第3号
　　　　　被保険者の代理人であり、事業者への提出義務者ではない。

解答　イ

問題63. 本人確認の措置に関する以下のアからエまでの方法のうち、最も適切ではないものを1つ選びなさい。

※本問における各書類は、提示時において有効であるものとする。

ア．運転免許証の写しを画像データで電子送信することで身元確認をすることはできない。

イ．写真付きの学生証で身元確認をすることができる。

ウ．すでに雇用契約成立時に対面で本人確認を行っていた場合、雇用関係にある者から個人番号の提供を受ける際に対面で実在確認できれば、身元確認書類の提示を要しない。

エ．過去に本人確認を行って特定個人情報ファイルをあらかじめ作成している場合であれば、電話による身元確認をすることができる。

解説　本人確認の措置

　本問は、本人確認の措置（法16条）に関する理解を問うものである。

ア不適切。運転免許証の写しを画像データで電子送信することで<u>身元確認をすることができる</u>。

イ適　切。本記述のとおりである。

ウ適　切。本記述のとおりである。

エ適　切。本記述のとおりである。

解答　ア

問題64. 本人の代理人から個人番号の提供を受ける場合の本人確認の措置に関する以下のアからエまでの記述のうち、最も<u>適切な</u>ものを1つ選びなさい。

　　　　※本問における各書類は、提示時において有効であるものとする。

ア．事業者が、本人の任意代理人から個人番号の提供を受ける場合、代理人の委任状、代理人の源泉徴収票、代理人の個人番号カード、以上3つの提示を受けることによって、本人確認の措置をとることができる。

イ．事業者が、本人の任意代理人から個人番号の提供を受ける場合、代理人の戸籍謄本、代理人の個人番号カード、本人の個人番号カード、以上3つの提示を受けることによって、本人確認の措置をとることができる。

ウ．事業者が、本人の法定代理人から個人番号の提供を受ける場合、代理人の戸籍謄本、代理人の旅券（パスポート）、本人の個人番号が記載されている住民票記載事項証明書、以上3つの提示を受けることによって、本人確認の措置をとることができる。

エ．事業者が、本人の法定代理人から個人番号の提供を受ける場合、代理人の委任状、代理人の個人番号通知書、本人の個人番号カード、以上3つの提示を受けることによって、本人確認の措置をとることができる。

| 解説 | 本人の代理人から個人番号の提供を受ける場合の本人確認の措置 |

　本問は、本人確認の措置（法16条）に関する理解を問うものである。本人の代理人から個人番号の提供を受ける場合の本人確認の措置においては、①代理権の確認、②代理人の身元確認、③本人の番号確認を行う必要がある。

ア不適切。事業者が、本記述では、「本人の番号確認」をすることができず、本人確認の措置をとることができない。

イ不適切。事業者が、本人の任意代理人から個人番号の提供を受ける場合、「代理権の確認」は、戸籍謄本ではすることができず、委任状が必要となる。

ウ適　切。本記述のとおりである。

エ不適切。事業者が、本人の法定代理人から個人番号の提供を受ける場合、「代理権の確認」は、委任状ではすることができず、代理人の本人確認も個人番号通知書ではすることができない。

| 解答　ウ |

問題65. 本人確認の措置に関する以下のアからエまでの記述のうち、最も適切なものを1つ選びなさい。

　　　※本問における各書類は、提示時において有効であるものとする。

ア．法人が代理人となる場合、代理人の身元確認として定款及び現に提供を行った社員の社員証を提供することができる。

イ．法人が代理人となる場合、代理人の身元確認として印鑑登録証明書及び現に提供を行った社員の社員証を提供することができる。

ウ．法人が代理人となる場合、代理人の身元確認として登記事項証明書及び現に提供を行った社員の社員証を提供することはできない。

エ．法人が代理人となる場合、代理人の身元確認として印鑑登録証明書及び現に提供を行った社員に社員証がなければ、当該社員が当該法人の従業員である旨の証明書を提供することはできない。

| 解説　本人確認の措置 |

　本問は、本人確認の措置（法16条）に関する理解を問うものである。

ア不適切。法人が代理人となる場合、代理人の身元確認としての官公署から発行又は発給をされた書類その他これに類する書類の提供が必要であるが、定款はそれに含まれない。

イ適　切。本記述のとおりである。

ウ不適切。法人が代理人となる場合、代理人の身元確認として登記事項証明書及び現に提供を行った社員の社員証を提供することができる。

エ不適切。法人が代理人となる場合、代理人の身元確認として印鑑登録証明書及び現に提供を行った社員に社員証がなければ、当該社員が当該法人の従業員である旨の証明書を提供することができる。

解答　イ

問題66. 法人が代理人となる場合における本人確認の措置に関する以下のア
からエまでの記述のうち、最も適切ではないものを1つ選びなさい。

※本問における各書類は、提示時において有効であるものとする。

ア．法人が代理人となる場合、代理人の身元確認として定款及び現に提
供を行った社員の社員証を提供することができる。

イ．法人が代理人となる場合、代理人の身元確認として印鑑登録証明書及
び現に提供を行った社員の社員証を提供することができる。

ウ．法人が代理人となる場合、代理人の身元確認として登記事項証明書
及び現に提供を行った社員の社員証を提供することができる。

エ．法人が代理人となる場合、代理人の身元確認として印鑑登録証明書
及び現に提供を行った社員に社員証がなければ、当該社員が当該法
人の従業員である旨の証明書を提供することができる。

解説　本人確認の措置

本問は、本人確認の措置（法16条）に関する理解を問うものである。

ア不適切。法人が代理人となる場合、代理人の**身元**確認としての官公署
から発行又は発給をされた書類その他これに類する書類の提
供が必要であるが、定款はそれに含まれない。

イ適　切。法人が代理人となる場合、代理人の**身元**確認として印鑑登録
証明書及び現に提供を行った社員の社員証を提供することが
できる。

ウ適　切。法人が代理人となる場合、代理人の**身元**確認として登記事項
証明書及び現に提供を行った社員の社員証を提供することが
できる。

エ適　切。法人が代理人となる場合、代理人の**身元**確認として印鑑登録
証明書及び現に提供を行った社員に社員証がなければ、当該
社員が当該法人の従業員である旨の証明書を提供することが
できる。

解答　ア

問題67. 個人番号の通知は「個人番号通知書」を送付する方法により行われ
ている。この「個人番号通知書」に関する以下のアからエまでの記
述のうち、最も適切なものを1つ選びなさい。

ア.「個人番号通知書」には、個人番号のほか、氏名・生年月日等が記
載されているが、氏名に変更が生じた場合であっても、記載の変更
は行われない。

イ.「個人番号通知書」を紛失した場合は、住民登録をしている市町村
（特別区を含む。）に申請すれば、「個人番号通知書」の再交付は可
能である。

ウ.「個人番号通知書」は、身分証として利用できる。

エ. 外国籍の人は、日本に住民登録をして住民票が作成されていても、「個
人番号通知書」は送付されない。

解説 個人番号通知書

　本問は、個人番号通知書に関する理解を問うものである。

ア適　切。本記述のとおりである。

イ不適切。個人番号通知書を紛失したとしても再交付は行われない。
「個人番号を確認する書類」が必要な場合には、「個人番
号カード」を取得するか、個人番号が記載された「住民票の
写し」又は「住民票記載事項証明書」を取得することになる。

ウ不適切。個人番号通知書は、個人番号を知らせるためだけの書類
なので、身分証としては利用できない。

エ不適切。外国籍の人であっても、日本に住民登録をして住民票が作成さ
れていれば、個人番号が付番されるため「個人番号通知書」が
送付される。

解答　ア

問題68. 個人番号の通知は「個人番号通知書」を送付する方法により行われている。この「個人番号通知書」に関する以下のアからエまでの記述のうち、最も適切ではないものを1つ選びなさい。

ア.「個人番号通知書」を紛失した場合であっても、再発行は行われない。

イ.「個人番号通知書」には、個人番号のほか、氏名・生年月日等が記載されているが、氏名に変更が生じた場合であっても、記載の変更は行われない。

ウ.「個人番号通知書」は、身分証として利用できる。

エ. 外国籍の人であっても、日本に住民登録をして住民票が作成されていれば、個人番号が付番されるため「個人番号通知書」が送付される。

解説　個人番号通知書

　本問は、個人番号通知書に関する理解を問うものである。

ア適　切。本記述のとおりである。
　　　　　「個人番号を確認する書類」が必要な場合には、「個人番号カード」を取得するか、個人番号が記載された「住民票の写し」又は「住民票記載事項証明書」を取得することになる。

イ適　切。本記述のとおりである。

ウ不適切。個人番号通知書は、個人番号を知らせるためだけの書類なので、身分証としては利用できない。

エ適　切。本記述のとおりである。

解答　ウ

問題69．個人番号カードに関する以下のアからエまでの記述のうち、最も適切ではないものを1つ選びなさい。

ア．個人番号カードには専用のカードケースがあり、この専用のカードケースに入れた状態においては、個人番号カードのおもて面に記載されている臓器提供意思表示等は見えないようになっており、裏面に記載されている個人番号も見えないようになっている。

イ．個人番号カードのICチップ内において、カード記録事項が記録された領域には、権限のある者しかアクセスすることができない措置が講じられている。

ウ．個人番号カードの交付を受けている者が甲市から乙市に転出・転入する場合、当該個人番号カードは、甲市に対する転出届と同時に甲市長に提出しなければならない。

エ．市町村長（特別区の区長を含む。）は、政令で定めるところにより、当該市町村（特別区を含む。）が備える住民基本台帳に記録されている者に対し、その者の申請により、その者に係る個人番号カードを交付するものとされている。

解説　個人番号カード

　本問は、個人番号カード（法17条）に関する理解を問うものである。

ア適　切。本記述のとおりである。

イ適　切。本記述のとおりである。

ウ不適切。個人番号カードの交付を受けている者が甲市から乙市に転出・転入する場合、当該個人番号カードは、甲市に対する転出届と同時に甲市長に提出するのではなく、乙市に対する転入届と同時に乙市長に提出しなければならない。（法17条2項）

エ適　切。本記述のとおりである。（法17条1項）

解答　ウ

問題70. 個人番号カードに関する以下のアからエまでの記述のうち、最も<u>適切ではない</u>ものを1つ選びなさい。

ア. 個人番号カードの交付を受けている者は、当該個人番号カードを紛失したときは、直ちに、その旨を住所地市町村長（特別区の区長を含む。以下同じ。）に届け出なければならない。

イ. 個人番号カードの交付を受けている者が死亡したときは、個人番号カードは失効する。

ウ. 個人番号カードのICチップ内には、地方税関係情報や年金給付関係情報が記録される。

エ. 結婚・離婚等により氏名の変更があった場合、個人番号カードの交付を受けている者は、その変更があった日から14日以内に、その旨を住所地市町村長に届け出るとともに、当該個人番号カードを提出しなければならない。

解説　個人番号カード

本問は、個人番号カード（法17条）に関する理解を問うものである。

ア適　切。本記述のとおりである。（法17条5項）

イ適　切。本記述のとおりである。（令14条4号）

ウ不適切。個人番号カードのICチップ内には、氏名、住所、生年月日、性別、個人番号、顔写真等のカード記録事項が記録されるが（法2条7項）、地方税関係情報や年金給付関係情報等、プライバシー性の高い個人情報は記録されない。

エ適　切。個人番号カードの交付を受けている者は、結婚・離婚等により氏名の変更があった場合など、カード記録事項に変更（転入届に伴う住所変更以外の変更）があったときは、その変更があった日から14日以内に、その旨を住所地市町村長に届け出るとともに、当該個人番号カードを提出しなければならない。（法17条4項）

解答　ウ

問題71. 個人番号カードに関する以下のアからエまでの記述のうち、最も<u>適切ではない</u>ものを1つ選びなさい。

ア. 個人番号カードのICチップ内には、氏名、住所、生年月日、性別、個人番号、顔写真等のカード記録事項が記録されるが、年金給付関係情報は記録されない。

イ. 結婚により氏名の変更があった場合、個人番号カードの交付を受けている者は、その変更があった日から14日以内に、その旨を住所地市町村長（特別区の区長を含む。以下同じ。）に届け出るとともに、当該個人番号カードを提出しなければならない。

ウ. 個人番号カードの交付を受けている者は、当該個人番号カードを紛失したときは、14日以内に、その旨を住所地市町村長に届け出なければならない。

エ. 個人番号カードの交付を受けている者が死亡したときは、個人番号カードは失効する。

解説　個人番号カード

　本問は、個人番号カード（法17条）に関する理解を問うものである。

ア適　切。本記述のとおりである。

イ適　切。個人番号カードの交付を受けている者は、結婚等により氏名の変更があった場合など、カード記録事項に変更（転入届に伴う住所変更以外の変更）があったときは、その変更があった日から14日以内に、その旨を住所地市町村長（特別区の区長を含む。以下同じ。）に届け出るとともに、当該個人番号カードを提出しなければならない。（法17条4項）

ウ不適切。個人番号カードの交付を受けている者は、当該個人番号カードを紛失したときは、<u>直ちに</u>、その旨を住所地市町村長に届け出なければならない。（法17条5項）

エ適　切。本記述のとおりである。（令14条4号）

解答　ウ

問題72. 個人番号カードに関する以下のアからエまでの記述のうち、最も<u>適切ではない</u>ものを1つ選びなさい。

ア. 個人番号カードの交付を受けている者は、新たに市町村（特別区を含む。）の区域内に最初の転入届をする場合には、当該最初の転入届と同時に、当該個人番号カードを市町村長（特別区の区長を含む。以下同じ。）に提出しなければならない。

イ. 市町村長は、個人番号カードを交付する場合、その者が本人であることを確認するための措置をとらなければならない。

ウ. 個人番号カードの交付申請者は、交付申請書を市町村長を経由して地方公共団体情報システム機構に提出しなければならない。

エ. 市町村長は、個人番号カードの交付申請者に対し、郵送で、個人番号カードを交付する。

解説　個人番号カード

　　本問は、個人番号カード（法17条）に関する理解を問うものである。

ア適　切。本記述のとおりである。（法17条2項）。

イ適　切。本記述のとおりである。（法17条1項）。

ウ適　切。本記述のとおりである。（令13条1項・2項）。

エ不適切。市町村長は、個人番号カードの交付申請者に対し、当該市町村（特別区を含む。以下同じ。）の事務所への出頭を求めて、個人番号カードを交付する。（令13条4項）

解答　エ

問題73. 個人番号カードに関する以下のアからエまでの記述のうち、最も適切ではないものを1つ選びなさい。

ア．個人番号カードを交付する場合、市町村長（特別区の区長を含む。以下同じ。）は、その者が本人であることを確認するための措置をとらなければならない。

イ．総務省令で定めるところにより、地方公共団体情報システム機構が個人番号カードを発行する。

ウ．個人番号カードの交付申請者は、交付申請書を市町村長を経由して地方公共団体情報システム機構に提出しなければならない。

エ．個人番号カードのICチップ内には、地方税関係情報が記録される。

解説　個人番号カード

　本問は、個人番号カード（法17条）に関する理解を問うものである。

ア適　切。本記述のとおりである。（法17条1項）

イ適　切。本記述のとおりである。（令13条4項）

ウ適　切。本記述のとおりである。（令13条1項・2項）

エ不適切。個人番号カードのICチップ内には、氏名、住所、生年月日、性別、個人番号、顔写真等のカード記録事項が記録されるが（法2条7項）、地方税関係情報等、プライバシー性の高い個人情報は記録されない。

解答　エ

問題74. 個人番号カードに関する以下のアからエまでの記述のうち、最も適切ではないものを1つ選びなさい。

ア. 個人番号カードの交付を受けている者が甲市から乙市に転出・転入する場合、当該個人番号カードは、甲市に対する転出届と同時に甲市長に提出しなければならない。

イ. 市町村長（特別区の区長を含む。）は、政令で定めるところにより、当該市町村（特別区を含む。）が備える住民基本台帳に記録されている者に対し、その者の申請により、その者に係る個人番号カードを交付するものとされている。

ウ. 個人番号カードには専用のカードケースがあり、この専用のカードケースに入れた状態においては、個人番号カードのおもて面に記載されている臓器提供意思表示等は見えないようになっており、裏面に記載されている個人番号も見えないようになっている。

エ. 個人番号カードのICチップ内において、カード記録事項が記録された領域には、権限のある者しかアクセスすることができない措置が講じられている。

解説　個人番号カード

本問は、個人番号カード（法17条）に関する理解を問うものである。

ア不適切。個人番号カードの交付を受けている者が甲市から乙市に転出・転入する場合、当該個人番号カードは、甲市に対する転出届と同時に甲市長に提出するのではなく、乙市に対する転入届と同時に乙市長に提出しなければならない。（法17条2項）

イ適　切。本記述のとおりである。（法17条1項）

ウ適　切。本記述のとおりである。

エ適　切。本記述のとおりである。

解答　ア

問題75.　個人番号カード等の有効期限に関する以下のアからエまでの記述のうち、最も適切ではないものを1つ選びなさい。

ア．個人番号カードの発行の日において15歳未満の者については、「署名用電子証明書」の有効期間は、個人番号カードの発行の日から5回目の誕生日までである。

イ．個人番号カードのICチップに搭載される「署名用電子証明書」と「利用者証明用電子証明書」の有効期間は、個人番号カードの発行の日から5回目の誕生日までである。

ウ．個人番号カードの発行の日において18歳の者における個人番号カードの有効期間は、当該発行の日から10回目の誕生日までである。

エ．「利用者証明用電子証明書」を15歳未満の者に発行する際は、法定代理人がパスワードを設定することになる。

解説　個人番号カード等の有効期限

　　本問は、個人番号カード等の有効期限に関する理解を問うものである。

ア不適切。「署名用電子証明書」は実印に相当するため、15歳未満の者については、住基カードにおける取扱いと同様に、原則として発行されない。

イ適　切。本記述のとおりである。

ウ適　切。本記述のとおりである。

エ適　切。本記述のとおりである。

解答　ア

問題76. 個人番号カード等の有効期限に関する以下のアからエまでの記述の
うち、最も適切ではないものを1つ選びなさい。

ア. 個人番号カードのICチップに搭載される「署名用電子証明書」と「利
用者証明用電子証明書」の有効期間は、個人番号カードの発行の日
から5回目の誕生日までである。

イ. 個人番号カードの発行の日において15歳未満の者については、「署
名用電子証明書」は原則として発行されない。

ウ.「利用者証明用電子証明書」を15歳未満の者に発行する際は、法定代
理人がパスワードを設定することになる。

エ. 個人番号カードの発行の日において15歳の者における個人番号カー
ドの有効期間は、当該発行の日から10回目の誕生日までである。

解説　個人番号カード等の有効期限

　　本問は、個人番号カード等の有効期限に関する理解を問うものである。

ア適　切。本記述のとおりである。

イ適　切。「署名用電子証明書」は実印に相当するため、15歳未満の者に
　　　　　ついては、住基カードにおける取扱いと同様に、原則として
　　　　　発行されない。

ウ適　切。本記述のとおりである。

エ不適切。個人番号カードの発行の日において、個人番号カードの有効
　　　　　期間が当該発行の日から10回目の誕生日までの者は、18歳以
　　　　　上の者である。
　　　　　なお、個人番号カードの発行の日において18歳未満の者につ
　　　　　いては、当該発行の日から5回目の誕生日までである。

解答　エ

問題77. 特定個人情報の提供の制限に関する以下のアからエまでの記述のうち、最も適切ではないものを1つ選びなさい。

ア. 個人番号利用事務実施者である市町村長（特別区の区長を含む。）は、住民税を徴収するため、事業者に対し、その従業員の個人番号と共に特別徴収税額を通知することができる。

イ. 個人番号関係事務又は個人番号利用事務の委託を受けた者が、委託元の許諾を得ずにその全部又は一部の再委託を行い、特定個人情報の提供をした場合は、提供制限に違反することとなる。

ウ. 番号法に規定するものの他これらに準ずるものとして個人情報保護委員会規則で定められたものについて、特定個人情報を提供することは認められる。

エ. 従業員の退職があった場合において、当該従業者の氏名、住所、生年月日、退職時の給与額や離職理由等は、社会保障に係る届出や提出等に必要な情報であることが想定される事項にあたるため、当該従業者等から同意を得れば、再就職先への特定個人情報の提供が認められる。

解説 特定個人情報の提供の制限

　本問は、特定個人情報の提供の制限（法19条）に関する理解を問うものである。

ア適　切。何人も、番号法19条各号で限定的に明記された場合を除き、特定個人情報を「提供」してはならない（法19条）。そして、個人番号利用事務実施者である市町村長（特別区の区長を含む。）が、住民税を徴収するために、事業者に対し、その従業員の個人番号と共に特別徴収税額を通知することは、個人番号利用事務実施者が個人番号利用事務を処理するために必要な限度で個人番号関係事務実施者に対し特定個人情報を提供する場合（法19条1号）にあたり、例外的に許される。

イ適　切。個人番号関係事務又は個人番号利用事務の委託を受けた者が、委託元の許諾を得ずにその全部又は一部の再委託をし、特定個人情報の提供をした場合は、法19条6号の「提供」にあたらず、法10条1項の規定及び19条の提供制限に違反することになる。

ウ適　切。19条1号から16号に規定するものの他これらに準ずるものとして個人情報保護委員会規則で定められたものについて、特定個人情報を提供することは認められる。（法19条17号）

エ不適切。従業員の退職があった場合において、当該従業者の氏名、住所、生年月日、退職時の給与額等は、社会保障に係る届出や提出等に必要な情報であることが想定される事項にあたり、当該従業者等から同意を得れば、退職時の就業先から再就職先への提供が認められる（法19条4号）。他方、退職時の離職理由は、当該届出、提出等に必要な情報であると想定されない情報にあたるため、個別の事案ごとに具体的に判断されるものの、原則として本号に基づく提供は認められない。

解答　エ

問題78. 特定個人情報の提供の制限に関する以下のアからエまでの記述
のうち、最も適切ではないものを1つ選びなさい。

ア. 金融機関は、支払調書を提出するために、税務署長に対し、顧客の
個人番号が記載された支払調書を提出することができる。

イ. 本人は、厚生年金保険届出事務のために、事業者に対し、自己の個
人番号を書類に記載して提出することができる。

ウ. 市町村長（特別区の区長を含む。）は、住民税を徴収するために、事
業者に対し、その従業員の個人番号と共に特別徴収税額を通知して
はならない。

エ. 事業者は、給与所得の源泉徴収票を提出するために、従業員の個人
番号が記載された給与所得の源泉徴収票を作成し、税務署長に提出
することができる。

| 解説　特定個人情報の提供の制限 |

本問は、特定個人情報の提供の制限（法19条）に関する理解を問うもの
である。

ア適　切。金融機関は、支払調書の提出という個人番号関係事務を処理
するために、税務署長に対し、顧客の個人番号が記載された
支払調書を提出することができる。

イ適　切。本人は、厚生年金保険届出事務のために、個人番号関係事務
実施者である事業者に対し、自己の個人番号を書類に記載し
て提出することができる。

ウ不適切。市町村長（特別区の区長を含む）は、住民税の徴収という個人
番号利用事務を処理するために、事業者に対し、その従業員の
個人番号と共に特別徴収税額を通知することができる。

エ適　切。事業者は、給与所得の源泉徴収票の提出という個人番号関
係事務を処理するために、従業員の個人番号が記載された
給与所得の源泉徴収票を作成し、税務署長に提出すること
ができる。

解答　ウ

問題79. 特定個人情報の提供の制限に関する以下のアからエまでの記述のうち、最も<u>適切ではない</u>ものを1つ選びなさい。

ア. 個人情報取扱事業者が、本人から個人情報保護法の規定に基づく開示の請求を受けた場合、番号法19条各号にこれを認める規定はないが、その請求に応じて本人に特定個人情報の開示を行うことは認められる。

イ. 個人情報取扱事業者が、従業員等本人に給与所得の源泉徴収票を交付する場合、その従業員等本人や扶養親族の個人番号を記載して源泉徴収票を本人に交付することは認められない。

ウ. 事業者は、人の生命、身体又は財産の保護のために必要がある場合において、本人の同意があり、又は本人の同意を得ることが困難であるときは、当該本人の特定個人情報を提供することができる。

エ. ある従業者が甲社から乙社に出向又は転籍により異動し、乙社が給与支払者（給与所得の源泉徴収票の提出義務者）になった場合において、当該従業者の同意を得なくても、甲社が乙社に対して当該従業者の個人番号を提供することは認められる。

解説　特定個人情報の提供の制限

　本問は、特定個人情報の提供の制限（法19条）に関する理解を問うものである。

ア適　切。本人から個人情報保護法33条に基づく開示の請求がされた場合は、番号法19条各号に定めはないものの、法の解釈上当然に特定個人情報の提供が認められる。したがって、個人情報取扱事業者が、本人からの開示の請求に応じて、本人に特定個人情報の開示を行うことは認められる。

イ適　切。本人交付用の給与所得の源泉徴収票については、平成27年10月2日に所得税法施行規則93条が改正され、その本人及び扶養親族の個人番号を記載しないこととされたため、その本人及び扶養親族の個人番号を記載していない源泉徴収票を本人に交付することとなる。

ウ適　切。本記述のとおりである。（法19条16号）

エ不適切。従業者等（従業者、法人の業務を執行する役員又は国若しくは地方公共団体の公務員をいう。）の出向・転籍・退職等があった場合において、当該従業者等の同意があるときは、出向・転籍・退職等前の使用者等（使用者、法人又は国若しくは地方公共団体をいう。）から出向・転籍・再就職等先の使用者等に対して、その個人番号関係事務を処理するために必要な限度で、当該従業者等の個人番号を含む特定個人情報を提供することができる（法19条4号）。よって、ある従業者が甲社から乙社に出向又は転籍により異動し、乙社が給与支払者（給与所得の源泉徴収票の提出義務者）になった場合において、当該従業者の同意がないときは、甲社・乙社間で当該従業員の個人番号を受け渡すことはできず、乙社は改めて当該従業者から個人番号の提供を受けなければならない。

解答　エ

問題80. 特定個人情報の提供の制限に関する以下のアからエまでの記述のうち、最も適切ではないものを1つ選びなさい。

ア. 事業者は、人の生命、身体又は財産の保護のために必要がある場合において、本人の同意があるときは、当該本人の特定個人情報を提供することができる。

イ. 事業者は、合併による事業の承継に伴い、設立した会社に特定個人情報を提供することができる。

ウ. 地方公共団体の機関は、条例で定めるところにより、当該地方公共団体の他の機関に、その事務を処理するために必要な限度で特定個人情報を提供することができる。

エ. ある使用者における従業者であった者が他の使用者における従業者になった場合には、当該従業者の同意を得ずに、当該使用者が当該他の使用者に対し、その個人番号関係事務を処理するために必要な限度で、当該従業者の特定個人情報を提供することができる。

| 解説　特定個人情報の提供の制限 |

　本問は、特定個人情報の提供の制限（法19条）に関する理解を問うものである。

ア適　切。本記述のとおりである（法19条16号）。

イ適　切。本記述のとおりである（法19条6号）。

ウ適　切。本記述のとおりである（法19条11号）。

エ不適切。ある使用者における従業者であった者が他の使用者における従業者になった場合、当該使用者が当該他の使用者に対し、その個人番号関係事務を処理するために必要な限度で当該従業者の特定個人情報を提供することができるが、その場合は、当該従業者の同意が必要である（法19条4号）。

解答　エ

問題81. 特定個人情報の収集等の制限に関する以下のアからエまでの記述の
うち、最も<u>適切ではない</u>ものを1つ選びなさい。

ア．支払調書の控えには保存義務が課されていないが、事業者が、支払
調書を正しく作成して提出したかを確認するために、個人番号が記
載された支払調書の控えを保管することは認められる。

イ．金融機関の支払調書作成事務担当者として個人番号関係事務に従事
する者が、個人番号関係事務以外の目的で、顧客の特定個人情報を
ノートに書き写してはならない。

ウ．独立して親と別の場所に住んでいる子供の特定個人情報について、
当該子供の親がこれを収集・保管することは認められる。

エ．保険会社から個人番号関係事務の全部又は一部の委託を受け、個人
番号を取り扱う代理店は、委託契約に基づいて個人番号を保管する
必要がない限り、代理店の中に個人番号を残してはならない。

解説　特定個人情報の収集等の制限

　本問は、特定個人情報の収集等の制限（法20条）に関する理解を問うものである。

ア適　切。支払調書を正しく作成して提出したかを確認するために、支払調書の控えを保管することは、個人番号関係事務の一環として認められる。その保管期間については、確認の必要性及び特定個人情報の保有に係る安全性を勘案し、各事業者における判断となるが、税務における更生決定等の期間制限に鑑みると、保管できる期間は最長でも7年が限度であると考えられる。

イ適　切。本記述のとおりである。

ウ不適切。何人も、法19条各号のいずれかに該当する場合を除き、他人の個人番号を含む特定個人情報を収集・保管してはならないが（法20条）、ここでいう「他人」とは、「自己と同一の世帯に属する者以外の者」をいう（法15条）。このため、独立して親と別の場所に住んでいる子供の特定個人情報について、当該子供の親がこれを収集・保管することは認められない。

エ適　切。保険会社から個人番号関係事務の全部又は一部の委託を受け、個人番号を取り扱う代理店は、委託契約に基づいて個人番号を保管する必要がない限り、できるだけ速やかに顧客の個人番号が記載された書類等を保険会社に受け渡すこととし、代理店の中に個人番号を残してはならない。

解答　ウ

問題82.　特定個人情報の収集等の制限に関する以下のアからエまでの記述のうち、最も<u>適切ではない</u>ものを1つ選びなさい。

ア．事業者は、個人番号関係事務で個人番号を利用・保管する必要性がなくなった際にアクセス制御を行った場合でも、個人番号をできるだけ速やかに削除しなければならず、不確定な取引再開時に備えて個人番号を保管し続けることはできない。

イ．事業者が、個人番号が記載された支払調書の控えを保管することは、当該支払調書を正しく作成して提出したかを確認するために、個人番号関係事務の一環として認められる。

ウ．事業者は、個人番号関係事務等で個人番号を利用する必要がなくなった場合でも、所管法令によって個人番号が記載された書類を一定期間保存することが義務付けられている場合には、その期間、当該書類だけでなく、システム内においても、個人番号を保管することができる。

エ．独立して親と別の場所に住んでおり、生計を共にしていない子供であっても、当該子供の親は、当該子供の特定個人情報を収集・保管することができる。

解説 特定個人情報の収集等の制限

本問は、特定個人情報の収集等の制限（法20条）に関する理解を問うものである。

ア適　切。本記述のとおりである。

イ適　切。本記述のとおりである。保管期間については、確認の必要性及び特定個人情報の保有に係る安全性を勘案し、各事業者における判断となるが、税務における更生決定等の期間制限に鑑みると、保管できる期間は最長でも7年が限度であると考えられる。

ウ適　切。所管法令で定められた個人番号を記載する書類等の保存期間が経過するまでの間は、当該書類だけでなく、システム内においても個人番号を保管することができると解される。ただし、所管法令において定められている保存期間を経過した場合には、個人番号をできるだけ速やかに廃棄又は削除しなければならない。

エ不適切。何人も、法19条各号のいずれかに該当する場合を除き、他人の個人番号を含む特定個人情報を収集・保管してはならないが（法20条）、ここでいう「他人」とは、「自己と同一の世帯に属する者以外の者」をいう（法15条）。このため、独立して親と別の場所に住んでおり、生計を共にしていない子供の特定個人情報について、当該子供の親がこれを収集・保管することはできない。（法15条、19条、20条）

解答　エ

問題83. 特定個人情報の収集等の制限に関する以下のアからエまでの記述のうち、最も適切ではないものを1つ選びなさい。

ア．個人番号の利用が想定される複数の目的についてあらかじめ特定し、本人への通知等を行った上で個人番号の提供を受けており、その個人番号をまとめて1つのファイルに保管している場合、全ての利用目的で個人番号関係事務に必要がなくなった時点で、その個人番号を廃棄又は削除することになる。

イ．個人番号にアクセスできないようにアクセス制御を行った場合でも、個人番号関係事務で個人番号を利用・保管する必要性がなくなった場合には、個人番号をできるだけ速やかに削除しなければならず、不確定な取引再開時に備えて個人番号を保管し続けることはできない。

ウ．事業者は、個人番号関係事務等で個人番号を利用する必要がなくなった場合でも、所管法令によって個人番号が記載された書類を一定期間保存することが義務付けられている場合には、その期間、当該書類だけでなく、システム内においても、個人番号を保管することができる。

エ．国の機関の職員等が、その職権を濫用して、専らその職務の用以外の用に供する目的で個人の秘密に属する特定個人情報が記録された文書等を収集したとしても、刑事罰の対象とはならない。

解説　特定個人情報の収集等の制限

　本問は、特定個人情報の収集等の制限（法20条）に関する理解を問うものである。

ア適　切。複数の利用目的を特定して個人番号の提供を受けている場合、事務ごとに別個のファイルで個人番号を保管しているのであれば、それぞれの利用目的で個人番号を利用する必要がなくなった時点で、その利用目的に係る個人番号を個別に廃棄又は削除することになる。一方、個人番号をまとめて1つのファイルに保管しているのであれば、全ての利用目的で個人番号関係事務に必要がなくなった時点で、その個人番号を廃棄又は削除することになる。

イ適　切。本記述の通りである。

ウ適　切。所管法令で定められた個人番号を記載する書類等の保存期間が経過するまでの間は、当該書類だけでなく、システム内においても個人番号を保管することができると解される。ただし、所管法令において定められている保存期間を経過した場合には、個人番号をできるだけ速やかに廃棄又は削除しなければならない。

エ不適切。国の機関、地方公共団体の機関若しくは機構の職員又は独立行政法人等若しくは地方独立行政法人の役員若しくは職員が、その職権を濫用して、専らその職務の用以外の用に供する目的で個人の秘密に属する特定個人情報が記録された文書、図面又は電磁的記録（電子的方式、磁気的方式その他人の知覚によっては認識することができない方式で作られる記録をいう。）を収集したときは、**2年以下の懲役又は100万円以下の罰金に処する**とされている。（法52条）

解答　エ

問題84. 特定個人情報の収集等の制限に関する以下のアからエまでの記述
のうち、最も適切ではないものを1つ選びなさい。

ア. 国の機関の職員が、その職権を濫用して、専らその職務の用以外の
用に供する目的で個人の秘密に属する特定個人情報が記録された文
書、図面又は電磁的記録（電子的方式、磁気的方式その他人の知覚
によっては認識することができない方式で作られる記録をいう。）を
収集したとしても、刑事罰の対象とはならない。

イ. 個人番号の利用が想定される複数の目的についてあらかじめ特
定し、本人への通知等を行った上で個人番号の提供を受けてお
り、その個人番号をまとめて1つのファイルに保管している場
合、全ての利用目的で個人番号関係事務に必要がなくなったと
きに、その個人番号を廃棄又は削除することになる。

ウ. 保険会社から個人番号関係事務の全部又は一部の委託を受け、個人
番号を取り扱う代理店は、委託契約に基づいて個人番号を保管する
必要がない限り、代理店の中に個人番号を残してはならない。

エ. 金融機関の支払調書作成事務担当者として個人番号関係事務に従事
する者が、個人番号関係事務以外の目的で、顧客の特定個人情報を
ノートに書き写してはならない。

解説　特定個人情報の収集等の制限

　本問は、特定個人情報の収集等の制限（法20条）に関する理解を問うものである。

ア不適切。国の機関、地方公共団体の機関若しくは機構の職員又は独立行政法人等若しくは地方独立行政法人の役員若しくは職員が、その職権を濫用して、専らその職務の用以外の用に供する目的で個人の秘密に属する特定個人情報が記録された文書、図面又は電磁的記録（電子的方式、磁気的方式その他人の知覚によっては認識することができない方式で作られる記録をいう。）を収集したときは、<u>2年以下の懲役又は100万円以下の罰金に処するとされている。</u>（法52条）

イ適　切。複数の利用目的を特定して個人番号の提供を受けている場合、事務ごとに別個のファイルで個人番号を保管しているのであれば、それぞれの利用目的で個人番号を利用する必要がなくなったときに、その利用目的に係る個人番号を個別に廃棄又は削除することになる。一方、個人番号をまとめて1つのファイルに保管しているのであれば、全ての利用目的で個人番号関係事務に必要がなくなった時点で、その個人番号を廃棄又は削除することになる。

ウ適　切。保険会社から個人番号関係事務の全部又は一部の委託を受け、個人番号を取り扱う代理店は、委託契約に基づいて個人番号を保管する必要がない限り、できるだけ速やかに顧客の個人番号が記載された書類等を保険会社に受け渡すこととし、代理店の中に個人番号を残してはならない。

エ適　切。本記述のとおりである。

解答　ア

問題85. 特定個人情報の収集等の制限に関する以下のアからエまでの記述の
うち、最も<u>適切ではないもの</u>を1つ選びなさい。

ア. 個人番号関係事務を処理する必要がなくなった場合でも、その特
定個人情報の個人番号部分を復元できない程度にマスキング又
は削除すれば保管を継続することは可能であるが、それが個人
データに該当する場合は、個人情報保護法の規定に則り、利用す
る必要がなくなったときに、遅滞なく消去するよう努めなければ
ならない。

イ. 個人番号を削除した場合、削除した記録を保存することとされて
おり、その削除の記録の内容としては、特定個人情報ファイルの
種類・名称、責任者・取扱部署、削除・廃棄状況等を記録するこ
とが考えられ、個人番号自体は含めないものとされている。

ウ. 番号法19条各号のいずれかに該当する場合を除き、特定個人情報
は収集し、保管してはならないが、ここでいう「収集」とは、集
める意思を持って自己の占有に置くことを意味する。

エ. 番号法19条各号のいずれかに該当する場合を除き、特定個人情報
は収集し、保管してはならないが、特定個人情報の提示を受けた
だけでも、ここでいう「収集」に該当する。

解説　特定個人情報の収集等の制限

　本問は、特定個人情報の収集等の制限（法20条）に関する理解を問うものである。

ア適　切。本記述のとおりである。
　　　　　個人番号部分を復元できない程度にマスキング又は削除したものが、個人データに該当する場合において、利用する必要がなくなったときに、その個人データを遅滞なく消去するよう努めなければならない。（個人情報保護法22条）

イ適　切。本記述のとおりである。

ウ適　切。本記述のとおりである。

エ不適切。番号法19条各号のいずれかに該当する場合を除き、特定個人情報は収集し、保管してはならないが、特定個人情報の提示を受けただけでは、ここでいう「収集」には該当しない。

解答　エ

問題86. 特定個人情報の収集等の制限に関する以下のアからエまでの記述の
うち、最も<u>適切ではない</u>ものを1つ選びなさい。

ア. 法19条各号のいずれかに該当する場合を除き、特定個人情報を収集
し、保管してはならないが、ここでいう「収集」とは、集める意思を
持って自己の占有に置くことを意味する。

イ. 法19条各号のいずれかに該当する場合を除き、特定個人情報を収
集し、保管してはならないが、特定個人情報の提示を受けただけ
では、ここでいう「収集」に該当しない。

ウ. 個人番号を削除した場合、削除した記録を保存することとされて
おり、その削除の記録の内容としては、特定個人情報ファイルの
種類・名称、責任者・取扱部署、削除・廃棄状況等を記録するこ
とが考えられ、個人番号自体は含めないものとされている。

エ. 個人番号利用事務等実施者が本人から個人番号の提供を受ける
ときは、本人確認（番号確認と身元確認）が義務付けられている
ため、個人番号利用事務等実施者により収集された個人番号に誤
りがあった場合は、罰則が適用される。

解説　特定個人情報の収集等の制限

　本問は、特定個人情報の収集等の制限（法20条）に関する理解を問うも
のである。

ア適　切。本記述のとおりである。

イ適　切。本記述のとおりである。

ウ適　切。本記述のとおりである。

エ不適切。個人番号利用事務等実施者が本人から個人番号の提供を受け
るときは、本人確認（番号確認と身元確認）が義務付けられて
いる（法16条）。もっとも、収集した個人番号に誤りがあった
としても、それ自体の罰則規定はない。

解答　エ

問題87. 情報提供ネットワークシステムに関する以下のアからエまでの記述のうち、最も適切ではないものを1つ選びなさい。

ア. 番号法における「情報提供ネットワークシステム」とは、行政機関の長等の間で、特定個人情報を安全、効率的にやり取りするためのシステムであり、総務大臣が、個人情報保護委員会と協議の上、設置し、管理するものである。

イ. 他の法令の規定により、特定個人情報と同一の内容の書面の提出が義務付けられている場合、情報提供ネットワークシステムを通じて情報提供者から当該特定個人情報が提供されたときには、当該書面の提出があったものとみなすことができる。

ウ. 情報提供に際し、情報照会者及び情報提供者は、直接に情報提供の求めを行うのではなく、情報提供ネットワークシステムを介することを原則とする。

エ. 情報照会者及び情報提供者は、番号法19条8号の規定により特定個人情報の提供の求め又は提供があったときは、同法23条1項各号に掲げる事項を情報提供ネットワークシステムに接続されたその者の使用する電子計算機に記録し、当該記録を政令で定める期間保存しなければならない。

解説　情報提供ネットワークシステム

　本問は、情報提供ネットワークシステム（法21条以下）に関する理解を問うものである。

ア不適切。番号法における「情報提供ネットワークシステム」とは、行政機関の長等の間で、特定個人情報を安全、効率的にやり取りするためのシステムであり、内閣総理大臣が、個人情報保護委員会と協議の上、設置し、管理するものである。（法21条2項）

イ適　切。他の法令の規定により、特定個人情報と同一の内容の書面の提出が義務付けられている場合、情報提供ネットワークシステムを通じて情報提供者から当該特定個人情報が提供されたときには、当該書面の提出があったものとみなし、再度書面を提出する義務を解除するものである。（法22条2項）

ウ適　切。本記述のとおりである。（法21条）

エ適　切。本記述のとおりである。（法23条1項柱書）

解答　ア

問題88. 情報提供ネットワークシステムに関する以下のアからエまでの記述のうち、最も<u>適切ではない</u>ものを1つ選びなさい。

ア．法24条は、情報提供ネットワークシステムに関する秘密の管理について規定しているが、ここでいう「秘密」とは、一般に知られていない事実であること（非公知性）、かつ他人に知られないことについて相当の利益があること（秘匿の必要性）が要件となる。

イ．法25条の秘密保持義務に違反し、その業務に関して知り得た当該事務に関する秘密を漏らし、又は盗用した場合、番号法において罰則の対象になっている。

ウ．上記、秘密保持義務の主体には、情報ネットワークシステムを運営する機関から委託を受けた受託者及び再受託者やその従業者・派遣労働者も含まれる。

エ．情報提供等事務又は情報提供ネットワークシステムの運営に関する事務に従事する者は、その業務に関して知り得た当該事務に関する秘密を漏らし、又は盗用してはならないが、この義務は、過去に従事していた者は対象としていない。

解説　情報提供ネットワークシステム

　本問は、情報提供ネットワークシステム（法24条・25条）に関する理解を問うものである。

ア適　切。本記述の通りである。（法24条）

イ適　切。情報提供等事務又は情報提供ネットワークシステムの運営に関する事務に従事する者又は従事していた者が、その業務に関して知り得た当該事務に関する秘密を漏らし、又は盗用した場合、番号法において罰則の対象（3年以下の懲役若しくは150万円以下の罰金、又はこれを併科）（法50条）となっている。（法24条・25条）

ウ適　切。秘密保持義務の主体には、情報提供ネットワークシステムを運営する機関の職員、これを利用する情報照会者及び情報提供者の役員、職員、従業者、これらの機関に派遣されている派遣労働者、さらに、これらの機関から委託を受けた受託者及び再受託者やその従業者・派遣労働者が含まれる。（法25条）

エ不適切。法25条は、「情報提供等事務又は情報提供ネットワークシステムの運営に関する事務に従事する者又は従事していた者は、その業務に関して知り得た当該事務に関する秘密を漏らし、又は盗用してはならない。」と規定している。

解答　エ

問題89. 情報提供ネットワークシステムに関する以下のアからエまでの記述
　　　　のうち、最も<u>適切な</u>ものを１つ選びなさい。

ア．法24条は、情報提供ネットワークシステムに関する秘密の管理につ
　　いて規定しているが、ここでいう「秘密」とは、一般に知られてい
　　ない事実であること（非公知性）、他人に知られないことについて相
　　当の利益があること（秘匿の必要性）のどちらか一方の要件を満た
　　すものをいう。

イ．内閣総理大臣並びに情報照会者及び情報提供者は、情報提供ネット
　　ワークシステムの規定による特定個人情報の提供の求め又は提供が
　　あったときは、法律で定められた事項を情報提供ネットワークシス
　　テムに接続されたその者の使用する電子計算機に記録し、保存しな
　　ければならない。

ウ．情報提供ネットワークシステムによって情報提供ができる場合に
　　ついては特に限定されておらず、行政機関、地方公共団体その他の
　　行政事務を処理する者は、迅速に特定個人情報の授受を行うため
　　に必要であると判断した事項については、原則として情報提供
　　ネットワークシステムによって情報提供することができる。

エ．健康保険組合が被保険者の被扶養者の認定を行う場合には、被保険
　　者は、事業主を通じて健康保険組合に対し、被扶養者に係る課税（非
　　課税）証明書、年金額改定通知書等の写しを提出する必要があるが、
　　情報提供ネットワークシステムを通じて、被扶養者の年間収入額、
　　年金受給額の提供が行われた場合であっても、被保険者は被扶養者
　　に係るこれらの添付書類を提出する必要がある。

解説　情報提供ネットワークシステム

　本問は、情報提供ネットワークシステム（法21条以下）に関する理解を問うものである。

　なお、本問において、「情報照会者」は、情報照会者又は条例事務関係情報照会者を指し、「情報提供者」は、情報提供者又は条例事務関係情報提供者を指し、「情報提供等事務」は、情報提供等事務又は条例事務関係情報提供等事務を指している。

ア不適切。法24条は、情報提供ネットワークシステムに関する秘密の管理について規定しているが、ここでいう「秘密」とは、一般に知られていない事実であること（非公知性）、かつ他人に知られないことについて相当の利益があること（秘匿の必要性）が要件となる。<u>非公知性か、秘匿の必要性のどちらか一方の要件を満たすものではない。</u>

イ適　切。情報照会者及び情報提供者は、情報提供ネットワークシステムの規定による特定個人情報の提供の求め又は提供があったときは、法律で定められた事項を、情報提供ネットワークシステムに接続されたその者の使用する電子計算機に記録し、保存しなければならない（法23条1項）。また、情報提供ネットワークシステムを所管する内閣総理大臣は、情報提供ネットワークシステムの規定による特定個人情報の提供の求め又は提供があったときは、法律で定められた事項を、情報提供ネットワークシステムに記録し、保存しなければならない（法23条3項）。誰と誰との間でどのような情報が提供されたのか、情報提供等の記録を情報照会者及び情報提供者並びに情報提供ネットワークシステムに記録・保存させることにより、問題が発生しても情報提供の記録を確認することを可能とするとともに、不正行為を抑止するものである。

ウ不適切。「情報提供ネットワークシステム」とは、法19条8号又は9号の規定に基づき、行政機関等及び健康保険組合等の間で、特定個人情報について安全かつ効率的に情報連携を行うためのシステムである。このシステムを通じて特定個人情報に関する情報連携を行うことができる場合については、①別表第2又は②9条2項の規定に基づいて条例で定める事務のうち別表第2の事務に準ずるものとして<u>個人情報保護委員会規則で</u>

定めるものに限定されている。

エ不適切。 健康保険組合が被保険者の被扶養者の認定を行う場合には、被保険者は、事業主を通じて健康保険組合に対し、被扶養者に係る課税（非課税）証明書、年金額改定通知書等の写しを提出する必要がある（健康保険法施行規則第38条等）が、情報提供ネットワークシステムを通じて、被扶養者の年間収入額、年金受給額の提供が行われた場合には、被保険者は被扶養者に係るこれらの添付書類を提出する必要がなくなる。

解答　イ

問題90.　情報提供ネットワークシステムに関する以下のアからエまでの記述
のうち、最も<u>適切ではない</u>ものを 1 つ選びなさい。

ア．番号法における「情報提供ネットワークシステム」とは、行政機関
の長等の間で、特定個人情報を安全、効率的にやり取りするための
システムであり、内閣総理大臣が、個人情報保護委員会と協議の上、
設置し、管理するものである。

イ．行政機関等及び地方公共団体等から個人番号利用事務の委託を受け
た者であれば、情報提供ネットワークシステムに接続された端末を
操作して、情報照会等を行うことができる。

ウ．情報提供に際し、情報照会者及び情報提供者は、直接に情報提供の
求めを行うのではなく、情報提供ネットワークシステムを介するこ
とを原則とする。

エ．法令又は条例の規定により、特定個人情報と同一の内容の書面の提
出が義務付けられている場合、情報提供ネットワークシステムを通
じて情報提供者から当該特定個人情報が提供されたときには、当該
書面の提出があったとものとみなすことができる。

解説　情報提供ネットワークシステム

　本問は、情報提供ネットワークシステム（法21条以下）に関する理解を問うものである。

ア適　切。本記述のとおりである。

イ不適切。情報ネットワークシステムを利用することができるのは、行政機関の長等に限られる。このため、行政機関等及び地方公共団体等から個人番号利用事務の委託を受けた者は、情報ネットワークシステムに接続された端末を操作して、情報照会等を行うことはできない。

ウ適　切。本記述の通りである。（法21条2項）

エ適　切。法令又は条例の規定により、特定個人情報と同一の内容の書面の提出が義務付けられている場合、情報提供ネットワークシステムを通じて情報提供者から当該特定個人情報が提供されたときには、当該書面の提出があったものとみなし、再度書面を提出する義務を解除するものである。（法21条2項）

解答　イ

問題91. 特定個人情報保護評価に関する以下のアからエまでの記述のうち、最も<u>適切ではない</u>ものを 1 つ選びなさい。

ア．特定個人情報保護評価は、行政機関の長等が、特定個人情報を保有しようとするとき、又は保有している場合に義務付けられるが、特定個人情報保護評価の実施が義務付けられていない者においても、特定個人情報保護評価の枠組みを用い、任意で評価を行うことは可能である。

イ．特定個人情報保護評価とは、特定個人情報の漏えいその他の事態の発生の危険性及び影響に関する評価をいい、事前対応による個人のプライバシー等の権利利益の侵害の未然防止、及び、国民・住民の信頼の確保を目的として、特定個人情報ファイルを保有しようとするものが、自ら実施するものである。

ウ．特定個人情報保護評価の実施が義務付けられているにもかかわらずこれを実施していない場合、特定個人情報ファイルの適正な取扱い確保のための措置が適切に講じられていないおそれがあることから、情報連携を行うことが禁止される。

エ．地方公共団体情報システム機構は、情報提供ネットワークを使用する場合に限り、特定個人情報保護評価の実施が義務付けられている。

解説　特定個人情報保護評価等

　本問は、特定個人情報保護評価（法27条、28条）に関する理解を問うものである。

ア適　切。特定個人情報保護評価の実施主体は、行政機関の長、地方公共団体の長その他の機関、独立行政法人等、地方独立行政法人、地方公共団体情報システム機構、情報提供ネットワークシステムを使用した情報連携を行う事業者であるが、このうち、特定個人情報を保有しようとする者又は保有する者は、特定個人情報保護評価の実施が義務付けられる。一方、義務付けられていない者においても、特定個人情報保護評価の枠組みを用い、任意で評価を行うことは可能であり、特定個人情報保護の観点から有益であるとされる。

イ適　切。特定個人情報保護評価とは、番号制度の枠組みの下での制度上の保護措置の1つである。特定個人情報ファイルの適正な取扱いを確保することにより、特定個人情報の漏えいその他の事態の発生を未然に防ぎ、評価実施機関が、特定個人情報の取扱いにおいて、個人のプライバシー等の権利利益の保護に取り組んでいることを自ら宣言し、どのような措置を講じているかを具体的に説明することにより、国民・住民の信頼を確保することを目的としている。

ウ適　切。特定個人情報保護評価を実施するものとされているにもかかわらず実施していない事務については、情報連携を行うことが禁止される。また、特定個人情報保護評価を実施するものとされているにもかかわらず実施していない評価実施機関に対し、委員会は、必要に応じて番号法の規定に基づく指導・助言、勧告・命令等を行い、特定個人情報の速やかな実施その他の是正を求めるものとされている。

エ不適切。地方公共団体情報システム機構（J-LIS）は、市町村長（特別区の区長を含む。）によって指定される個人番号を生成するという番号制度における職務の重大性及び国民や住民の信頼の確保という点から、積極的な事前対応が求められている。そのため、情報提供ネットワークを使用するか否かに関わらず、特定個人情報保護評価の実施が義務付けられている。

解答　エ

問題92. 特定個人情報保護評価における、評価書の作成の「特定個人情報ファイルの取扱いプロセスにおけるリスク対策（リスク対策の検討）」において、重点項目ではあるが、基礎項目ではない項目として最も<u>適切な</u>項目を、以下のアからエまでの記述のうち1つ選びなさい。

　ア．特定個人情報ファイルの取扱いの委託

　イ．特定個人情報ファイル名

　ウ．特定個人情報の提供・移転（情報提供ネットワークを通じた提供を除く。）

　エ．特定個人情報の保管・消去

解説　特定個人情報保護評価等

　本問は、特定個人情報保護評価における、評価書の作成の「特定個人情報ファイルの取扱いプロセスにおけるリスク対策（リスク対策の検討）」に関する理解を問うものである。

ア不適切。重点項目と基礎項目である。

イ適　切。重点項目ではあるが、基礎項目ではない。

ウ不適切。重点項目と基礎項目である。

エ不適切。重点項目と基礎項目である。

解答　イ

問題93. 特定個人情報保護評価におけるしきい値判断に関する以下のアから
エまでの記述のうち、最も適切ではないものを1つ選びなさい。

ア．全項目評価書を公示し、国民（行政機関等の場合）や住民等（地方
公共団体等の場合）からの意見を聴取する期間は、原則として30日
以上であるが、特段の理由がある場合には、全項目評価書において
その理由を明らかにした上でこれを短縮することができる。

イ．特定個人情報保護評価の評価レベルには、基礎項目評価、重点項目
評価、全項目評価の3種類があるが、これらには内容や手続き面で
差異がみられる。全項目評価では、個人のプライバシー等の権利利
益の保護のための措置に関する詳細な分析・評価を行うとともに、
国民（地方公共団体等にあっては住民等）からの意見聴取、個人情
報保護委員会の承認（地方公共団体等においては第三者点検）によ
り、評価の適合性・妥当性を客観的に担保する仕組みとなっている。

ウ．対象人数が1,000人未満の事務については、特定個人情報保護評価の
実施が義務付けられていないが、個々の特定個人情報ファイルに記
録される対象人数が1,000人未満であっても、特定個人情報ファイル
を取り扱う事務において保有する全ての特定個人情報ファイルに記
録される対象人数が1,000人以上（例：ファイルA：600人、ファイル
B：700人）である場合は、特定個人情報保護評価の実施が義務付け
られる。

エ．特定個人情報保護評価におけるしきい値判断は、特定個人情報ファ
イルを取り扱う事務について特定個人情報保護評価を実施するに際
して、①対象人数、②特定個人情報に関する重大事故の発生の有無
という2つの「しきい値判断項目」に基づき、実施が義務付けられ
る特定個人情報保護評価の種類を判断する。

解説　特定個人情報保護評価等

　本問は、特定個人情報保護評価におけるしきい値判断に関する理解を問うものである。

ア適　切。本記述のとおりである。

イ適　切。本記述のとおりである。

ウ適　切。本記述のとおりである。

エ不適切。特定個人情報保護評価におけるしきい値判断は、個人のプライバシー等の権利利益に対し影響を与える可能性の観点から、①事務の対象人数、②特定個人情報に関する重大事故の有無、③特定個人情報ファイルの取扱者数の3つの「しきい値判断項目」に基づき、実施が義務付けられる特定個人情報保護評価のレベルを判断する。

解答　エ

問題94. 特定個人情報保護評価の実施時期に関する以下のアからエまでの記述のうち、最も適切ではないものを1つ選びなさい。

ア．行政機関の長等は、特定個人情報に関する重大事故の発生によりしきい値判断の結果が変わり、新たに重点項目評価又は全項目評価を実施するものと判断される場合においては、当該重大事故の発生後、特定個人情報保護評価を再実施しなくてもよい。

イ．行政機関の長等は、災害その他やむを得ない事由により緊急に特定個人情報ファイルを保有する必要がある場合は、当該特定個人情報ファイルを保有した後、速やかに個人情報保護評価書の公示を行えばよい。

ウ．行政機関の長等は、指針で定めるところにより、特定個人情報保護評価書の公表をした日から一定期間を経過するごとに、それぞれの規定による公表をした基礎項目評価書、重点項目評価書又は評価書に係る特定個人情報ファイルを取り扱う事務について、再び特定個人情報保護評価を実施するよう努めるものとする。

エ．行政機関の長等は、特定個人情報ファイルを取り扱うために使用するシステムを保有しようとする場合においては、当該システムのプログラミング開始前の適切な時期に特定個人情報保護評価を実施しなければならない。

解説　特定個人情報保護評価の実施時期

本問は、特定個人情報保護評価の実施時期に関する理解を問うものである。

ア不適切。評価実施機関における特定個人情報に関する重大事故の発生によりしきい値判断の結果が変わり、新たに重点項目評価又は全項目評価を実施するものと判断される場合、評価実施機関は、当該特定個人情報に関する重大事故の発生後、速やかに特定個人情報保護評価を再実施する（特定個人情報保護評価に関する規則6条2項・3項、7条2項～6項、8条、14条）。

イ適　切。行政機関の長等は、法28条1項の規定の規定による評価書の公示を行うに当たっては、特個人情報保護評価指針で定めるところにより、当該評価書に係る特定個人情報ファイルが電子情報処理組織により取り扱われるものであるときは、当該特定個人情報ファイルを取り扱うために使用する電子情報処理組織を構築する前に、当該評価書に係る特定個人情報ファイルが電子情報処理組織により取り扱われるものでないときは、当該特定個人情報ファイルを取り扱う事務を実施する体制その他当該事務の実施に当たり必要な事項の検討と併せて行う。もっとも、災害その他やむを得ない事由により緊急に特定個人情報ファイルを保有する必要がある場合は、行政機関の長等は、当該特定個人情報ファイルを保有した後、速やかに番号法28条1項の規定の規定による評価書の公示を行う（法28条1項、特定個人情報保護評価に関する規則9条）

ウ適　切。本記述の通りである。（法28条1項、特定個人情報保護評価に関する規則15条）

エ適　切。行政機関の長等は、番号法28条1項の規定による評価書の公示を行うに当たっては、特個人情報保護評価指針で定めるところにより、当該評価書に係る特定個人情報ファイルが電子情報処理組織により取り扱われるものであるときは、当該特定個人情報ファイルを取り扱うために使用する電子情報処理組織を構築する前に行うものとする（法28条1項、特定個人情報保護評価に関する規則9条1項前段）。

　よって、行政機関の長等は、特定個人情報ファイルを取り扱うために使用するシステムを保有しようとする場合においては、当該システムのプログラミング開始前の適切な時期に特定個人情報保護評価を実施しなければならない。

解答　ア

問題95. 特定個人情報保護評価の実施時期に関する以下のアからエまでの記述のうち、最も<u>適切ではない</u>ものを1つ選びなさい。

ア．行政機関の長等は、特定個人情報ファイルを取り扱うために使用するシステムを保有しようとする場合においては、当該システムのプログラミング開始前の適切な時期に特定個人情報保護評価を実施しなければならない。

イ．行政機関の長等は、災害その他やむを得ない事由により緊急に特定個人情報ファイルを保有する必要がある場合は、当該特定個人情報ファイルを保有した後、速やかに個人情報保護評価書の公示を行えばよい。

ウ．行政機関の長等は、特個人情報保護評価指針で定めるところにより、特個人情報保護評価書を公表した日から一定期間を経過するごとに、特定個人情報保護評価を再実施するように努めなければならない。

エ．特定個人情報に関する重大事故の発生によりしきい値判断の結果が変わり、新たに重点項目評価又は全項目評価を実施するものと判断される場合においては、行政機関の長等は、当該重大事故の発生の後、14日以内に特定個人情報保護評価を再実施しなければならない。

解説　特定個人情報保護評価の実施時期

　本問は、特定個人情報保護評価の実施時期に関する理解を問うものである。

ア適　切。行政機関の長等は、法28条1項の規定による評価書の公示を行うに当たっては、特定個人情報保護評価指針で定めるところにより、当該評価書に係る特定個人情報ファイルが電子情報処理組織により取り扱われるものであるときは、当該特定個人情報ファイルを取り扱うために使用する電子情報処理組織を構築する前に行うものとする（法28条1項、特定個人情報保護評価に関する規則9条1項前段）。よって、特定個人情報ファイルを取り扱うために使用するシステムを保有しようとする場合においては、行政機関の長等は、当該システムの

プログラミング開始前の適切な時期に特定個人情報保護評価を実施しなければならない。

イ適 切。行政機関の長等は、法28条1項の規定の規定による評価書の公示を行うに当たっては、特個人情報保護評価指針で定めるところにより、当該評価書に係る特定個人情報ファイルが電子情報処理組織により取り扱われるものであるときは、当該特定個人情報ファイルを取り扱うために使用する電子情報処理組織を構築する前に、当該評価書に係る特定個人情報ファイルが電子情報処理組織により取り扱われるものでないときは、当該特定個人情報ファイルを取り扱う事務を実施する体制その他当該事務の実施に当たり必要な事項の検討と併せて行う。もっとも、災害その他やむを得ない事由により緊急に特定個人情報ファイルを保有する必要がある場合は、行政機関の長等は、当該特定個人情報ファイルを保有した後、速やかに法28条1項の規定の規定による評価書の公示を行う（法28条1項、特定個人情報保護評価に関する規則9条）。

ウ適 切。本記述のとおりである。（法28条1項、特定個人情報保護評価に関する規則15条）。

エ不適切。評価実施機関における特定個人情報に関する重大事故の発生によりしきい値判断の結果が変わり、新たに重点項目評価又は全項目評価を実施するものと判断される場合、評価実施機関は、当該特定個人情報に関する重大事故の発生後、速やかに特定個人情報保護評価を再実施する（特定個人情報保護評価に関する規則6条2項・3項、7条2項〜6項、8条、14条）。

解答　エ

問題96. 特定個人情報保護評価に関する以下のアからエまでの記述のうち、最も<u>適切ではない</u>ものを1つ選びなさい。

ア. 特定個人情報保護評価は、番号制度の枠組みの下での制度上の保護措置の1つである。

イ. 特定個人情報保護評価は、諸外国のプライバシー影響評価に相当するものである。

ウ. 特定個人情報保護評価は、個人のプライバシー等の権利利益を保護することを基本理念としている。

エ. 特定個人情報保護評価は、特定個人情報の漏えいその他の事態を発生させるリスクの分析を目的としている。

| 解説　特定個人情報保護評価等 |

　本問は、特定個人情報保護評価（法27条、法28条）に関する理解を問うものである。

ア適　切。本記述の通りである。

イ適　切。本記述の通りである。

ウ適　切。本記述の通りである。

エ不適切。特定個人情報保護評価は、特定個人情報の漏えいその他の事態を発生させるリスクの分析を目的としていない。

| 解答　エ |

問題97. 特定個人情報ファイルの作成の制限に関する以下のアからエまでの
記述のうち、最も<u>適切な</u>ものを1つ選びなさい。

ア. 個人番号関係事務実施者が、個人番号関係事務を処理する目的で、
特定個人情報ファイルに登録済の個人番号を照会機能で呼び出し、
プリントアウトすることは認められない。

イ. 個人番号関係事務実施者が、個人番号関係事務を処理する目的で
収集した個人番号を特定個人情報ファイルに登録している場合、
個人番号関係事務以外の業務を処理する目的（顧客の住所等を調
べる等）で照会した端末の画面に、特定個人情報ファイルに登録済
の情報が表示されているとき、これをプリントアウトすることは
認められない。

ウ. 個人番号関係事務実施者が、個人番号関係事務を処理する目的で収
集した個人番号を特定個人情報ファイルへ登録し、登録結果を確認
するために個人番号をその内容に含む情報をプリントアウトするこ
とは認められない。

エ. 個人番号関係事務実施者が、障害への対応等のために、特定個人情
報ファイルのバックアップファイルを作成することは認められない。

解説　特定個人情報ファイルの作成の制限

　　本問は、特定個人情報ファイルの作成及び利用の制限（法29条以下）に関する理解を問うものである。

ア不適切。個人番号関係事務実施者が個人番号関係事務を処理する目的で、特定個人情報ファイルに登録済の個人番号を照会機能で呼び出しプリントアウトすることは、<u>個人番号関係事務の範囲内での利用であり、認められる</u>。

イ適　切。本記述のとおりである。

ウ不適切。個人番号関係事務実施者が、個人番号関係事務を処理する目的で収集した個人番号を特定個人情報ファイルへ登録し、登録結果を確認するために個人番号をその内容に含む情報をプリントアウトすることは、<u>個人番号関係事務の範囲内での利用であり、認められる</u>。

エ不適切。障害への対応等のために特定個人情報ファイルのバックアップファイルを作成することは、<u>個人番号関係事務を処理するために必要な範囲内であり、認められる</u>。
　　　　　なお、バックアップファイルに対する安全管理措置を講ずる必要がある。

解答　イ

問題98. 特定個人情報ファイルの作成の制限に関する以下のアからエまでの
　　　　記述のうち、最も<u>適切ではない</u>ものを1つ選びなさい。

ア．個人番号関係事務の委託先が、委託者から指示を受けて、委託者に対
して業務状況を報告するために、特定個人情報ファイルを作成するこ
とはできるが、委託された業務に関係なく作成することは、法律上認
められない。

イ．個人番号関係事務実施者が、個人番号関係事務を処理する目的で、
特定個人情報ファイルに登録済の個人番号を照会機能で呼び出し、
プリントアウトすることは、法律上認められる。

ウ．個人番号関係事務実施者が、障害への対応等のために特定個人情報
ファイルのバックアップファイルを作成することは、法律上認めら
れる。

エ．特定個人情報ファイル以外の既存のデータベースに個人番号を追加
して、特定個人情報ファイルを作成することは認められていない。

解説　特定個人情報ファイルの作成の制限

　本問は、特定個人情報ファイルの作成の制限（法29条）に関する理解を問うものである。

ア適　切。委託先への監督の一環として、業務状況を報告させる場合には、特定個人情報ファイルを作成することはできるが、委託された業務に関係なく特定個人情報ファイルを作成することは、法律上認められない。

イ適　切。本記述のとおりである。

ウ適　切。個人番号関係事務を処理するために必要な範囲で、バックアップファイルを作成することはできるが、作成したバックアップファイルに対する安全管理措置を講ずる必要がある。

エ不適切。既存のデータベースに個人番号を追加して特定個人情報ファイルを作成することはできる。
　　　　　なお、その場合、個人番号関係事務以外の事務で個人番号を利用することができないよう適切にアクセス制御等を行う必要がある。

解答　エ

問題99. 特定個人情報ファイルの作成の制限に関する以下のアからエまでの
　　　　記述のうち、最も適切なものを1つ選びなさい。

ア．個人番号利用事務の受託者は、委託元に対して、業務状況を報告す
　　るため、委託された業務を超えて特定個人情報ファイルを作成する
　　ことができる。

イ．安全管理の観点から個人番号を仮名化して保管している場合は、そ
　　の仮名化した情報と元の情報を照合するための照合表として、特定
　　個人情報ファイルを作成することができる。

ウ．専ら提出書類間の整合性を確認する目的で、個人番号を記載した明
　　細表を作成することはできない。

エ．専ら社内用の資料として過去の業務状況を記録する目的であれば、
　　特定個人情報ファイルを作成することができる。

解説　特定個人情報ファイルの作成の制限

　　本問は、特定個人情報ファイルの作成の制限（法29条）に関する理解を
　問うものである。

ア不適切。委託元が受託者への監督の一環として業務状況を報告させる
　　　　　　場合には、受託者は、特定個人情報ファイルを作成すること
　　　　　　ができる。もっとも、委託された業務に関係なく特定個人情報
　　　　　　ファイルを作成することはできないことから、委託された業務
　　　　　　を超えて特定個人情報ファイルを作成することはできない。

イ適　切。本記述のとおりである。

ウ不適切。個人番号関係事務の範囲内であれば、提出書類間の整合性を
　　　　　　確認するために個人番号を記載した明細表を作成することが
　　　　　　できる。

エ不適切。専ら社内資料として過去の業務状況を記録する目的で特定個
　　　　　　人情報ファイルを作成することは、個人番号関係事務を処理
　　　　　　するために必要な範囲に含まれるとはいえず、作成すること
　　　　　　はできない。

解答　イ

問題100.特定個人情報ファイルの作成の制限に関する以下のアからエまでの
記述のうち、最も<u>適切な</u>ものを1つ選びなさい。

ア．専ら社内用の資料として過去の業務状況を記録する目的であれば、
特定個人情報ファイルを作成することができる。

イ．安全管理の観点から個人番号を仮名化して保管している場合は、そ
の仮名化した情報と元の情報を照合するための照合表として、特定
個人情報ファイルを作成しうる。

ウ．個人番号利用事務の受託者は、委託元に対して、業務状況を報告す
るため、委託された業務を超えて特定個人情報ファイルを作成する
ことができる。

エ．専ら提出書類間の整合性を確認する目的で、個人番号を記載した
明細表を作成することは許されない。

解説　特定個人情報ファイルの作成の制限

　　本問は、特定個人情報ファイルの作成の制限に関する理解を問うものである。

ア不適切。専ら社内資料として過去の業務状況を記録する目的で特定個人情報ファイルを作成することは、個人番号関係事務を処理するために必要な範囲に含まれるとはいえず、許されない。

イ適　切。個人番号関係事務の範囲内であれば、安全管理の観点から個人番号を仮名化して保管している場合において、その仮名化した情報と元の情報を照合するための照合表を作成することができる。

ウ不適切。委託者が受託者への監督の一環として業務状況を報告させる場合には、受託者は、特定個人情報ファイルを作成することができる。もっとも、委託された業務に関係なく特定個人情報ファイルを作成することはできないことから、委託された業務を超えて特定個人情報ファイルを作成することはできない。

エ不適切。個人番号関係事務の範囲内であれば、提出書類間の整合性を確認するために個人番号を記載した明細表を作成することができる。

解答　イ

問題101. 特定個人情報の漏えい等の考え方に関する以下のアからエまでの
記述のうち、最も<u>適切な</u>ものを１つ選びなさい。

ア．特定個人情報の「漏えい」とは、特定個人情報が外部に流出するこ
とをいい、不正アクセス等により第三者に特定個人情報を含む情報
が窃取された場合は、「漏えい」に当たらない。

イ．特定個人情報の「漏えい」とは、特定個人情報が外部に流出するこ
とをいうが、システムの設定ミス等によりインターネット上で特定
個人情報の閲覧が可能な状態となっていたにすぎない場合は、「漏え
い」には当たらない。

ウ．特定個人情報の「毀損」とは、特定個人情報の内容が意図しない形
で変更されることや、内容を保ちつつも利用不能な状態となること
をいい、特定個人情報の内容が改ざんされた場合や、暗号化処理さ
れた特定個人情報の復号キーを喪失したことにより復元できなく
なった場合は、「毀損」に当たる。

エ．特定個人情報が記載又は記録された書類・媒体等が盗難された場合
は、たとえ特定個人情報を第三者に閲覧されないうちに全てを回収
したときであっても、「漏えい」に当たる。

解説　特定個人情報の漏えい等の考え方

　　本問は、特定個人情報の漏えい等の考え方に関する理解を問うものである。

　　ア不適切。特定個人情報の「漏えい」とは、特定個人情報が外部に流出
　　　　　　　することをいい（法29条の4　1項）、不正アクセス等により
　　　　　　　第三者に特定個人情報を含む情報が窃取された場合も「漏え
　　　　　　　い」に当たる。

　　イ不適切。特定個人情報の「漏えい」とは、特定個人情報が外部に流出
　　　　　　　することをいう。システムの設定ミス等によりインターネッ
　　　　　　　ト上で特定個人情報の閲覧が可能な状態となっていた場合、
　　　　　　　「漏えい」に当たる。

　　ウ適　切。本記述のとおりである。

　　エ不適切。特定個人情報が記載又は記録された書類・媒体等が盗難され
　　　　　　　た場合であっても、特定個人情報を第三者に閲覧されないう
　　　　　　　ちに全てを回収したときは、「漏えい」に該当しない。

解答　ウ

問題102.「特定個人情報の適正な取扱いに関するガイドライン（事業者編）」の「（別添２）特定個人情報に関する安全管理措置（事業者編）」で示されている、特定個人情報の漏えい等の考え方に関する以下のアからエまでの記述のうち、最も適切ではないものを１つ選びなさい。

ア．特定個人情報の「漏えい」とは、特定個人情報が外部に流出することをいい、システムの設定ミス等によりインターネット上で特定個人情報の閲覧が可能な状態となっていた場合がこれに当たるが、当該特定個人情報を第三者に閲覧されないうちに全てを回収した場合は、「漏えい」に該当しない。

イ．特定個人情報の「漏えい」とは、特定個人情報が外部に流出することをいい、不正アクセス等により第三者に特定個人情報を含む情報が窃取された場合がこれに当たる。

ウ．特定個人情報の「滅失」とは、特定個人情報の内容が失われることをいい、特定個人情報が記載された書類を社内で紛失した場合がこれに当たるが、当該特定個人情報の内容と同じデータが他に保管されている場合は、「滅失」に該当しない。

エ．特定個人情報の「毀損」とは、特定個人情報の内容が意図しない形で変更されることをいうから、暗号化処理された特定個人情報の復号キーを喪失したことにより復元できなくなった場合は、既存の内容を変更されたわけではないから、「毀損」に該当しない。

| 解説 | 特定個人情報の漏えい等の考え方 |

本問は、「特定個人情報の適正な取扱いに関するガイドライン（事業者編）」の「（別添2）特定個人情報に関する安全管理措置（事業者編）」で示されている、特定個人情報の漏えい等の考え方に関する理解を問うものである。

ア適　切。特定個人情報の「漏えい」とは、特定個人情報が外部に流出することをいう（法29条の4　1項）。システムの設定ミス等によりインターネット上で特定個人情報の閲覧が可能な状態となっていた場合がこれに当たる。もっとも、漏えいに係る特定個人情報を第三者に閲覧されないうちに全てを回収した場合は、「漏えい」に該当しない。

イ適　切。特定個人情報の「漏えい」とは、特定個人情報が外部に流出することをいう（法29条の4　1項）。本記述のように、不正アクセス等により第三者に特定個人情報を含む情報が窃取された場合等がこれに当たる。

ウ適　切。特定個人情報の「滅失」とは、特定個人情報の内容が失われることをいう（法29条の4　1項）。本記述のように、特定個人情報が記載された書類を社内で紛失した場合等がこれに当たる。もっとも、紛失に係る特定個人情報の内容と同じデータが他に保管されている場合は、「滅失」に該当しない。

エ不適切。特定個人情報の「毀損」とは、特定個人情報の内容が意図しない形で変更されることや、内容を保ちつつも利用不能な状態となることをいう（法29条の4　1項）。よって、暗号化処理された特定個人情報の復号キーを喪失したことにより復元できなくなった場合のように、特定個人情報が利用不能な状態となった場合も、「毀損」に該当しうる。

解答　エ

問題103. 特定個人情報の漏えい等に関する報告についての以下のアからエまでの記述のうち、最も<u>適切な</u>ものを1つ選びなさい。

ア．システムの設定ミスによりインターネット上で特定個人情報の閲覧が可能な状態となっていても、実際に不特定多数の者に閲覧されていなければ、個人情報保護委員会への報告の対象とはならない。

イ．特定個人情報の取扱いを委託している場合においては、委託元と委託先の双方が特定個人情報を取り扱っていることになるため、漏えい等報告の対象事態に該当するときは、原則として、委託元と委託先の双方が、個人情報保護委員会に対して当該事態が生じた旨を報告する義務を負うが、委託先が、報告義務を負っている委託元に当該事態が発生したことを通知したときは、委託先は報告義務を免れる。

ウ．個人番号利用事務等実施者は、漏えい等が発生し、又は発生したおそれがある特定個人情報に係る本人の数が50人を超える事態を知ったときは、個人情報保護委員会に対して当該事態が生じた旨を報告する義務を負う。

エ．ランサムウェア等により特定個人情報が暗号化され、復元できなくなった場合、個人情報保護委員会に対し、当該事態が生じた旨を報告する必要はない。

解説　特定個人情報の漏えい等に関する報告

　　本問は、特定個人情報の漏えい等に関する報告に関する理解を問うものである。

ア不適切。個人番号利用事務実施者又は個人番号関係事務実施者の保有する特定個人情報ファイルに記録された特定個人情報が電磁的方法により不特定多数の者に閲覧され、又は閲覧されるおそれがある事態は、報告対象事態に該当するため、当該事態を個人情報保護委員会へ<u>報告しなければならない</u>。（法29条の４　１項）

イ適　切。本記述のとおりである。

ウ不適切。個人番号利用事務等実施者は、漏えい等が発生し、又は発生したおそれがある特定個人情報に係る本人の数が<u>100人</u>を超える事態を知ったときは、個人情報保護委員会に対して当該事態が生じた旨を報告する義務を負う。（法29条の４第１項、個人情報保護委員会規則２条４号）

エ不適切。ランサムウェア等により特定個人情報が暗号化され、復元できなくなった場合、報告対象事態に該当するため、個人情報保護委員会に対し、当該事態が生じた旨を報告する<u>必要がある</u>。

解答　イ

問題104.「特定個人情報の適正な取扱いに関するガイドライン（事業者編）」
　　　　の「（別添1）特定個人情報に関する安全管理措置〔事業者編〕」で
　　　　示されている、特定個人情報の漏えい等に関する報告についての
　　　　以下のアからエまでの記述のうち、最も<u>適切ではない</u>ものを1つ
　　　　選びなさい。

　ア．ランサムウェア等により特定個人情報が暗号化され、復元できなく
　　　なった場合、報告対象事態に該当するため、個人情報保護委員会に
　　　対し、当該事態が生じた旨を報告する必要がある。

　イ．不正の目的をもって特定個人情報が利用されたおそれがある事態は、
　　　個人情報保護委員会への報告の対象となるが、当該事態を発生させ
　　　た主体には、第三者のみならず、従業者も含まれる。

　ウ．システムの設定ミスによりインターネット上で特定個人情報の閲覧
　　　が可能な状態となっていても、実際に不特定多数の者に閲覧されて
　　　いなければ、個人情報保護委員会への報告の対象とはならない。

　エ．特定個人情報の取扱いを委託している場合は、個人情報保護委員会
　　　への報告対象事態に該当しない漏えい等事案においては、委託元と
　　　委託先の双方が個人情報保護委員会へ報告するように努めなければ
　　　ならないが、その際、委託元及び委託先の連名で個人情報保護委員
　　　会へ委員会に報告することができる。

解説　特定個人情報の漏えい等に関する報告

　本問は、「特定個人情報の適正な取扱いに関するガイドライン（事業者編）」の「（別添1）特定個人情報に関する安全管理措置（事業者編）」で示されている、特定個人情報の漏えい等に関する報告についての理解を問うものである。

ア適　切。本記述のとおりである。

イ適　切。不正の目的をもって、特定個人情報が利用され、又は利用されたおそれがある事態は、個人情報保護委員会への報告の対象となるが、当該事態を発生させた主体には、第三者のみならず、従業者も含まれる。（法29条の4　1項）。

ウ不適切。個人番号利用事務実施者又は個人番号関係事務実施者の保有する特定個人情報ファイルに記録された特定個人情報が電磁的方法により不特定多数の者に閲覧され、又は閲覧されるおそれがある事態は、報告対象事態に該当するため、当該事態を個人情報保護委員会へ報告しなければならない。（法29条の4　1項）

エ適　切。本記述のとおりである。（法29条の4　1項）

解答　ウ

問題105.「特定個人情報の適正な取扱いに関するガイドライン（事業者編）」
の「（別添２）特定個人情報の漏えい等に関する報告等（事業者編）」
で示されている、サイバー攻撃の事案における特定個人情報の漏え
いに関する以下のアからエまでの記述のうち、最も適切ではないも
のを１つ選びなさい。

ア．特定個人情報の漏えいが発生したおそれがある事態に該当し得る事
例として、特定個人情報を格納しているサーバや、当該サーバにア
クセス権限を有する端末において、情報を窃取する振る舞いが判明
しているマルウェアの感染が確認された場合が挙げられている。

イ．特定個人情報の漏えいが発生したおそれがある事態に該当し得る事
例として、マルウェアに感染したコンピュータに不正な指令を送り、
制御するサーバ（C&Cサーバ）が使用しているものとして知られてい
るIPアドレス・FQDN（Fully Qualified Domain Name（サブドメイン
名及びドメイン名からなる文字列であり、ネットワーク上のコン
ピュータ（サーバ等）を特定するもの。）への通信が確認された場合
が挙げられている。

ウ．特定個人情報の漏えいが発生したおそれがある事態に該当し得る事
例として、不正検知を行う公的機関、セキュリティ・サービスプロ
バイダや専門家等の第三者から、漏えい等のおそれについて、一定
の根拠に基づくか否かに関わらず、連絡を受けた全ての事態が挙げ
られている。

エ．従業者による特定個人情報の持ち出しの事案について、特定個人情
報の「漏えい」が発生したおそれがある事態に該当し得る事例とし
て、特定個人情報を格納しているサーバや、当該サーバにアクセス
権限を有する端末において、通常の業務で必要としないアクセスに
よりデータが窃取された痕跡が認められた場合が挙げられている。

解説　サイバー攻撃の事案における特定個人情報の漏えい

　　本問は、サイバー攻撃の事案における特定個人情報の漏えいに関する理解を問うものである。

ア適　切。本記述のとおりである。

イ適　切。本記述のとおりである。

ウ不適切。特定個人情報の漏えいが発生したおそれがある事態に該当し得る事例として、不正検知を行う公的機関、セキュリティ・サービスプロバイダや専門家等の第三者から、漏えい等のおそれについて、一定の根拠に基づく連絡を受けた場合が挙げられている。

エ適　切。本記述のとおりである。

解答　ウ

問題106.「特定個人情報の適正な取扱いに関するガイドライン（事業者編）」
の「（別添1）特定個人情報に関する安全管理措置（事業者編）」で
示されている、サイバー攻撃の事案における特定個人情報の漏え
いに関する以下のアからエまでの記述のうち、最も<u>適切ではない</u>
ものを1つ選びなさい。

ア．特定個人情報を格納しているサーバや、当該サーバにアクセス権限
を有する端末において、情報を窃取する振る舞いが判明しているマ
ルウェアの感染が確認された場合は、特定個人情報の漏えいが発生
したおそれがある事態に該当し得る。

イ．特定個人情報を格納しているサーバや、当該サーバにアクセス権限
を有する端末において、通常の業務で必要としないアクセスにより
データが窃取された痕跡が認められた場合は、特定個人情報の「漏
えい」が発生したおそれがある事態に該当し得る。

ウ．不正検知を行う公的機関、セキュリティ・サービスプロバイダや専
門家等の第三者から、漏えい等のおそれについて、一定の根拠に基
づく連絡を受けただけでは、特定個人情報の漏えいが発生したおそ
れがある事態には該当しない。

エ．マルウェアに感染したコンピュータに不正な指令を送り、制御する
サーバが使用しているものとして知られているIPアドレス・FQDNへ
の通信が確認された場合は、特定個人情報の「漏えい」が発生した
おそれがある事態に該当し得る。

<u>解説　サイバー攻撃の事案における特定個人情報の漏えい</u>

　本問は、「特定個人情報の適正な取扱いに関するガイドライン（事業者編）」の「（別添1）特定個人情報に関する安全管理措置（事業者編）」で示されている、サイバー攻撃の事案における特定個人情報の漏えいに関する理解を問うものである。

ア適　切。特定個人情報の漏えいが発生したおそれがある事態に該当し得る事例として、特定個人情報を格納しているサーバや、当該サーバにアクセス権限を有する端末において、情報を窃取する振る舞いが判明しているマルウェアの感染が確認された場合が挙げられている。

イ適　切。従業者による特定個人情報の持ち出しの事案について、特定個人情報の「漏えい」が発生したおそれがある事態に該当し得る事例として、特定個人情報を格納しているサーバや、当該サーバにアクセス権限を有する端末において、通常の業務で必要としないアクセスによりデータが窃取された痕跡が認められた場合が挙げられている。

ウ不適切。特定個人情報の漏えいが発生したおそれがある事態に該当し得る事例として、不正検知を行う公的機関、セキュリティ・サービスプロバイダや専門家等の第三者から、漏えい等のおそれについて、一定の根拠に基づく連絡を受けた場合が挙げられている。

エ適　切。特定個人情報の漏えいが発生したおそれがある事態に該当し得る事例として、マルウェアに感染したコンピュータに不正な指令を送り、制御するサーバ（C&Cサーバ）が使用しているものとして知られているIPアドレス・FQDN（Fully Qualified Domain Name（サブドメイン名及びドメイン名からなる文字列であり、ネットワーク上のコンピュータ（サーバ等）を特定するもの。）への通信が確認された場合が挙げられている。

解答　ウ

問題107. 行政機関等における研修の実施等に関する以下のアからエまでの記述のうち、最も<u>適切な</u>ものを1つ選びなさい。

ア. 行政機関の長等は、特定個人情報ファイルを取り扱う事務に従事する者の全てに対して、おおむね2年ごとに、特定個人情報の適正な取扱いを確保するために必要なサイバーセキュリティの確保に関する事項その他の事項に関する研修を受けさせなければならない。

イ. 行政機関の長等は、特定個人情報ファイルを保有しているときは、特定個人情報ファイルを取り扱う事務に従事する者に対して、特定個人情報の適正な取扱いを確保するために必要なサイバーセキュリティの確保に関する事項その他の事項に関する研修を実施しなければならないが、特定個人情報ファイルを保有しようとする段階では、当該研修を実施する必要はない。

ウ. 研修の内容は、特定個人情報の適正な取扱いを確保するために必要なサイバーセキュリティの確保に関する事項として、情報システムに対する不正な活動その他のサイバーセキュリティに対する脅威及び当該脅威による被害の発生及び拡大を防止するため必要な措置に関するものを含めなければならない。

エ. 特定個人情報の適正な取扱いを確保するために必要な「サイバーセキュリティ」とは、電磁的方式により記録され、又は発信され、伝送され、若しくは受信される情報の漏えい、滅失又は毀損の防止その他の当該情報の安全管理のために必要な措置並びに情報システム及び情報通信ネットワークの安全性及び信頼性の確保のために必要な措置が講じられ、その状態が適切に維持管理されていることをいう。

| 解説 | 行政機関等における研修の実施等 |

本問は、行政機関等における研修の実施等に関する理解を問うものである。

ア不適切。行政機関の長等は、特定個人情報ファイルを保有し、又は保有しようとするときは、特定個人情報ファイルを取り扱う事務に従事する者の全てに対して、おおむね<u>1</u>年ごとに研修を受けさせるものとされている。（法29条の2、令32条3号）

イ不適切。行政機関の長等は、特定個人情報ファイルを保有し、又は保有しようとするときは、特定個人情報ファイルを取り扱う事務に従事する者に対して、政令で定めるところにより、特定個人情報の適正な取扱いを確保するために必要なサイバーセキュリティの確保に関する事項その他の事項に関する研修を<u>実施しなければならない</u>。（法29条の2）

ウ不適切。研修の内容は、特定個人情報の適正な取扱いを確保するために必要なサイバーセキュリティの確保に関する事項として、情報システムに対する不正な活動その他のサイバーセキュリティに対する脅威及び当該脅威による被害の発生<u>又は拡大を防止するため必要な措置に関するものを含めなければならない</u>。（法29条の2、令32条2号）。

エ適　切。特定個人情報の適正な取扱いを確保するために必要な「サイバーセキュリティ」とは、電磁的方式により記録され、又は発信され、伝送され、若しくは受信される情報の漏えい、滅失又は毀損の防止その他の当該情報の安全管理のために必要な措置並びに情報システム及び情報通信ネットワークの安全性及び信頼性の確保のために必要な措置（情報通信ネットワーク又は電磁的方式で作られた記録に係る記録媒体という。）を通じた電子計算機に対する不正な活動による被害の防止のために必要な措置を含む。）が講じられ、その状態が適切に維持管理されていることをいう（法29条の2、サイバーセキュリティ基本法2条）。

| 解答　エ |

問題108. 行政機関等における研修の実施等に関する以下のアからエまでの記述のうち、最も<u>適切ではない</u>ものを1つ選びなさい。

ア．行政機関の長等は、特定個人情報ファイルを保有しているときは、特定個人情報ファイルを取り扱う事務に従事する者に対して、特定個人情報の適正な取扱いを確保するために必要なサイバーセキュリティの確保に関する事項その他の事項に関する研修を実施しなければならないが、特定個人情報ファイルを保有しようとするときについては、当該研修を実施する必要はない。

イ．特定個人情報の適正な取扱いを確保するために必要な「サイバーセキュリティ」とは、電磁的方式により記録され、又は発信され、伝送され、若しくは受信される情報の漏えい、滅失又は毀損の防止その他の当該情報の安全管理のために必要な措置並びに情報システム及び情報通信ネットワークの安全性及び信頼性の確保のために必要な措置が講じられ、その状態が適切に維持管理されていることをいう。

ウ．行政機関の長等は、特定個人情報ファイルを取り扱う事務に従事する者の全てに対して、おおむね一年ごとに、特定個人情報の適正な取扱いを確保するために必要なサイバーセキュリティの確保に関する事項その他の事項に関する研修を受けさせなければならない。

エ．特定個人情報ファイルに関する研修の内容は、特定個人情報の適正な取扱いを確保するために必要なサイバーセキュリティの確保に関する事項として、情報システムに対する不正な活動その他のサイバーセキュリティに対する脅威及び当該脅威による被害の発生又は拡大を防止するため必要な措置に関するものを含めなければならない。

解説　行政機関等における研修の実施等

　本問は、行政機関等における研修の実施等に関する理解を問うものである。

ア不適切。行政機関の長等は、特定個人情報ファイルを保有し、又は保有しようとするときは、特定個人情報ファイルを取り扱う事務に従事する者に対して、政令で定めるところにより、特定個人情報の適正な取扱いを確保するために必要なサイバーセキュリティの確保に関する事項その他の事項に関する研修を実施しなければならない（法29条の2）。

イ適　切。特定個人情報の適正な取扱いを確保するために必要な「サイバーセキュリティ」とは、電磁的方式により記録され、又は発信され、伝送され、若しくは受信される情報の漏えい、滅失又は毀損の防止その他の当該情報の安全管理のために必要な措置並びに情報システム及び情報通信ネットワークの安全性及び信頼性の確保のために必要な措置（情報通信ネットワーク又は電磁的方式で作られた記録に係る記録媒体という。）を通じた電子計算機に対する不正な活動による被害の防止のために必要な措置を含む。）が講じられ、その状態が適切に維持管理されていることをいう（法29条の2、サイバーセキュリティ基本法2条）。

ウ適　切。行政機関の長等は、特定個人情報ファイルを保有し、又は保有しようとするときは、特定個人情報ファイルを取り扱う事務に従事する者の全てに対して、おおむね一年ごとに研修を受けさせるものとされている（法29条の2、令32条3号）。

エ適　切。研修の内容は、特定個人情報の適正な取扱いを確保するために必要なサイバーセキュリティの確保に関する事項として、情報システムに対する不正な活動その他のサイバーセキュリティに対する脅威及び当該脅威による被害の発生又は拡大を防止するため必要な措置に関するものを含めなければならない（法29条の2、令32条2号）。

解答　ア

問題109. 特定個人情報の取扱いの監督等に関する以下のアからエまでの記述
のうち、最も<u>適切ではない</u>ものを1つ選びなさい。

ア. 個人情報保護委員会の必要な指導及び助言は、個人番号利用事務
等実施者の要請に基づかなければならない。

イ. 個人情報保護委員会が必要な指導及び助言をすることができる
「個人番号利用事務等実施者」は、民間企業に限らず、行政機関も
含まれる。

ウ. 地方公共団体又は地方独立行政法人における特定個人情報の適
正な取扱いを確保するために必要があると認めるときは、当該特
定個人情報と共に管理されている特定個人情報以外の個人情報の取
扱いに関し、併せて指導及び助言をすることができる。

エ. 個人情報保護委員会は、どのような安全確保措置を講じるべきか
について、取り扱う特定個人情報の性質、利用形態等を踏まえ、
物理的保護措置、組織的保護措置、技術的保護措置などの観点か
ら、助言し、指導することが想定されている。

| 解説　特定個人情報の取扱いの監督等 |

特定個人情報の取扱いの監督等に関する理解を問うものである。

ア不適切。個人情報保護委員会は、番号法の施行に必要な限度において、
個人番号利用事務等実施者に対し、特定個人情報の取扱いに
関し、必要な指導及び助言をすることができるが(法33条)、
<u>対象者からの要請に応じて指導、助言を行う場合と、個人情
報保護委員会がその必要性を感知したことにより自ら行う場
合の双方が考えられる。</u>

イ適　切。本記述のとおりである。(法33条)

ウ適　切。本記述のとおりである。(法33条)

エ適　切。本記述のとおりである。

| 解答　ア |

問題110. 特定個人情報の取扱いの監督等に関する以下のアからエまでの記述
のうち、最も<u>適切な</u>ものを1つ選びなさい。

ア．地方公共団体又は地方独立行政法人における特定個人情報の適
正な取扱いを確保するために必要があると認めるときであって
も、当該特定個人情報と共に管理されている特定個人情報以外
の個人情報の取扱いに関し、個人情報保護委員会は、併せて指導
及び助言をすることはできない。

イ．個人情報保護委員会は、どのような安全確保措置を講じるべきか
について、取り扱う特定個人情報の性質、利用形態等を踏まえ、
物理的保護措置、組織的保護措置、技術的保護措置などの観点か
ら、助言し、指導することが想定されている。

ウ．個人情報保護委員会の必要な指導及び助言は、個人番号利用事務
等実施者の要請に基づかなければならない。

エ．個人情報保護委員会が必要な指導及び助言をすることができる
「個人番号利用事務等実施者」は、民間企業に限られ、行政機関
は含まれない。

解説　特定個人情報の取扱いの監督等

　　本問は、特定個人情報の取扱いの監督等に関する理解を問うものである。

ア不適切。個人情報保護委員会は、番号法の施行に必要な限度において、個人番号利用事務等実施者に対し、特定個人情報の取扱いに関し、必要な指導及び助言をすることができる。この場合において、行政機関、地方公共団体、独立行政法人等又は地方独立行政法人における特定個人情報の適正な取扱いを確保するために必要があると認めるときは、当該特定個人情報と共に管理されている特定個人情報以外の個人情報の取扱いに関し、併せて指導及び助言をすることができる。（法33条）

イ適　切。個人情報保護委員会は、番号法の施行に必要な限度において、個人番号利用事務等実施者に対し、特定個人情報の取扱いに関し、必要な指導及び助言をすることができる（法33条）。この場合の指導及び助言には、どのような安全確保措置を講じるべきかについて、取り扱う特定個人情報の性質、利用形態等を踏まえ、物理的保護措置、組織的保護措置、技術的保護措置などの観点から、助言し、指導することが想定されている。

ウ不適切。個人情報保護委員会は、番号法の施行に必要な限度において、個人番号利用事務等実施者に対し、特定個人情報の取扱いに関し、必要な指導及び助言をすることができるが（法33条）、対象者からの要請に応じて指導、助言を行う場合と、特定個人情報保護委員会がその必要性を感知したことにより自ら行う場合の双方が考えられる。

エ不適切。個人情報保護委員会は、番号法の施行に必要な限度において、個人番号利用事務等実施者に対し、特定個人情報の取扱いに関し、必要な指導及び助言をすることができるが（法33条）、ここでいう「個人番号利用事務等実施者」は民間企業に限らず、行政機関も含まれる。

解答　イ

問題111. 特定個人情報の取扱いの監督等に関する以下のアからエまでの記述のうち、最も<u>適切ではない</u>ものを１つ選びなさい。

ア． 個人情報保護委員会は、特定個人情報の取扱いに関して法令の規定に違反する行為が行われた場合において、個人の重大な権利利益を害する事実があるため緊急に措置をとる必要があると認めるときは、当該違反行為をした者に対し、当該違反行為の中止その他違反を是正するために必要な措置をとるべき旨を命じなければならない。

イ． 私的独占の禁止及び公正取引の確保に関する法律の規定による犯則事件の調査が行われる場合においては、提供を受けた特定個人情報の取り扱いに関して、個人情報保護委員会による勧告措置は適用されない。

ウ． 個人情報保護委員会は、地方公共団体における特定個人情報の適正な取扱いを確保するために必要があると認めるときは、当該特定個人情報と共に管理されている特定個人情報以外の個人情報の取扱いに関し、併せて指導及び助言をすることができる。

エ． 個人情報保護委員会は、内閣総理大臣に対し、その所掌事務の遂行を通じて得られた特定個人情報の保護に関する施策の改善についての意見を述べることができる。

| 解説 | 特定個人情報の取扱いの監督等 |

本問は、特定個人情報の取扱いの監督等に関する理解を問うものである。

ア不適切。個人情報保護委員会は、法34条1項及び2項の規定にかかわらず、特定個人情報の取扱いに関して法令の規定に違反する行為が行われた場合において、個人の重大な権利利益を害する事実があるため緊急に措置をとる必要があると認めるときは、当該違反行為をした者に対し、期限を定めて、当該違反行為の中止その他違反を是正するために必要な措置をとるべき旨を命ずることができる（法34条）。従って、このような場合でも、命令をしなければならないわけではない。

イ適　切。私的独占の禁止及び公正取引の確保に関する法律47条1項の規定による処分又は同法101条1項に規定する犯則事件の調査が行われる場合においては、提供を受けた特定個人情報の取り扱いに関して、個人情報保護委員会による勧告措置は適用されない。（法36条、令34条、令別表2号）

ウ適　切。個人情報保護委員会は、番号法の施行に必要な限度において、個人番号利用事務等実施者に対し、特定個人情報の取扱いに関し、必要な指導及び助言をすることができる。この場合において、地方公共団体又は地方独立行政法人における特定個人情報の適正な取扱いを確保するために必要があると認めるときは、当該特定個人情報と共に管理されている特定個人情報以外の個人情報の取扱いに関し、併せて指導及び助言をすることができる。（法33条）

エ適　切。本記述のとおりである。（法38条）

| 解答　ア |

問題112. 特定個人情報の取扱いの監督等に関する以下のアからエまでの記述
のうち、最も<u>適切な</u>ものを1つ選びなさい。

ア．個人情報保護委員会は、期限を定めて、特定個人情報の取扱いに
関して法令の規定に違反する行為の中止その他違反を是正する
ために必要な措置をとるべき旨を勧告することができるが、勧告
に違反した場合は、罰則の対象となる。

イ．個人情報保護委員会は、特定個人情報の取扱いに関して法令の規
定に違反する行為があれば、当然に当該違反を是正するために必
要な措置をとるべき旨を勧告することができる。

ウ．個人情報保護委員会は、特定個人情報の取扱いに関して法令の規
定に違反する行為が行われた場合において、期限を定めて、当該
違反行為の中止その他違反を是正するために必要な措置をとる
べき旨を勧告することができるが、勧告の相手方は、個人番号利
用事務等実施者に限る。

エ．個人番号利用事務等の全部又は一部の委託を受けた者が、当該個
人番号利用事務等の委託をした者の許諾を得ずに、その全部又は
一部を再委託した場合、個人情報保護委員会は当該違反を是正す
るため必要な措置を勧告することができる。

解説　特定個人情報の取扱いの監督等

　本問は、特定個人情報の取扱いの監督等に関する理解を問うものである。

ア不適切。命令に違反した時点で罰則の対象となるが、勧告に違反した時点では、罰則の対象とはならない。（法53条、法34条2項、法34条3項参照）

イ不適切。個人情報保護委員会は、特定個人情報の取扱いに関して法令の規定に違反する行為が行われた場合において、「特定個人情報の適正な取扱いの確保のために必要があると認めるとき」は、当該違反行為の中止その他違反を是正するために必要な措置をとるべき旨を勧告することができるのであり（法34条1項）、「当然に」勧告することができるわけではない。

ウ不適切。勧告の対象者は、特定個人情報の取扱いに関して法令の規定に違反する行為が行われた場合において、当該違反行為をした者であり、法33条に基づく助言・指導と異なり、個人番号利用事務等実施者に限られるものではない。

エ適　切。個人情報保護委員会は、特定個人情報の取扱いに関して法令の規定に違反する行為が行われた場合において、期限を定めて、当該違反行為の中止その他違反を是正するために必要な措置をとるべき旨を勧告することができるが（法34条1項）、ここでいう「法令の規定に違反する行為」には、委託元の許諾なく個人番号利用事務等の再委託がなされた場合（法10条1項）がある。

解答　エ

問題113. 地方公共団体情報システム機構処理事務（以下、機構処理事務）等の実施に関する措置に関する以下のアからエまでの記述のうち、最も適切なものを1つ選びなさい。

ア. 地方公共団体情報システム機構は、毎年少なくとも1回、機構処理事務の実施の状況について、総務省令で定めるところにより、報告書を作成しなければならないが、これを公表する必要はない。

イ. 個人情報保護委員会は、機構処理事務の適正な実施を確保するため必要があると認めるときは、地方公共団体情報システム機構に対し、機構処理事務の実施に関し監督上必要な命令をすることができる。

ウ. 地方公共団体情報システム機構は、機構処理事務の実施に関し、機構処理事務管理規程を定め、総務大臣の認可を受けなければならないが、機構処理事務管理規程を変更する場合においては、総務大臣の認可を受ける必要はない。

エ. 総務大臣は、機構処理事務の適正な実施を確保するため必要があると認めるときは、機構処理事務の実施の状況に関し、その職員に、地方公共団体情報システム機構の事務所に立ち入らせ、機構処理事務の実施の状況に関し質問させ、若しくは帳簿書類その他の物件を検査させることができるが、この総務大臣の権限は、犯罪捜査のために認められたものと解釈することはできない。

解説　地方公共団体情報システム機構処理事務（機構処理事務）等の実施に関する措置

　本問は、地方公共団体情報システム機構処理事務（機構処理事務）等の実施に関する措置に関する理解を問うものである。

ア不適切。地方公共団体情報システム機構は、毎年少なくとも一回、機構処理事務の実施の状況について、総務省令で定めるところにより、報告書を作成し、これを公表しなければならない。（法38条の5）

イ不適切。総務大臣は、機構処理事務の適正な実施を確保するため必要があると認めるときは、機構に対し、機構処理事務の実施に関し監督上必要な命令をすることができる。（法38条の6）

ウ不適切。地方公共団体情報システム機構は、番号法の規定により機構処理事務の実施に関し総務省令で定める事項について機構処理事務管理規程を定め、総務大臣の認可を受けなければならない。そして、機構処理事務管理規程を変更する場合においても、同様に、総務大臣の認可を受けなければならない。（法38条の2　1項）

エ適　切。総務大臣は、地方公共団体情報システム機構処理事務（以下、機構処理事務）の適正な実施を確保するため必要があると認めるときは、機構処理事務の実施の状況に関し、機構の事務所に立ち入らせ、機構処理事務の実施の状況に関し質問させ、若しくは帳簿書類その他の物件を検査させることができる（法38条の7　1項）。もっとも、この法務大臣の権限を、犯罪捜査のために認められたものと解釈してはならない。（法38条の7　2項、35条3項）

解答　エ

問題114. 地方公共団体情報システム機構処理事務等の実施に関する措置に関する以下のアからエまでの記述のうち、最も<u>適切な</u>ものを1つ選びなさい。

ア. 総務大臣は、機構処理事務の適正な実施を確保するため必要があると認めるときは、機構処理事務の実施の状況に関し、その職員に、地方公共団体情報システム機構の事務所に立ち入らせ、機構処理事務の実施の状況に関し質問させ、若しくは帳簿書類その他の物件を検査させることができ、この総務大臣の権限は、犯罪捜査のために認められたものと解釈できる。

イ. 総務大臣は、機構処理事務の適正な実施を確保するため必要があると認めるときは、地方公共団体情報システム機構に対し、機構処理事務の実施に関し監督上の必要な命令をすることができる。

ウ. 地方公共団体情報システム機構は、毎年少なくとも一回、機構処理事務の実施の状況について、総務省令で定めるところにより報告書を作成しなければならないが、これを公表する必要はない。

エ. 地方公共団体情報システム機構は、機構処理事務の実施に関し、機構処理事務管理規程を定め、総務大臣の認可を受けなければならないが、機構処理事務管理規程を変更する場合においては、総務大臣の認可を受ける必要はない。

解説　地方公共団体情報システム機構処理事務等の実施

　本問は、地方公共団体情報システム機構処理事務等の実施に関する措置に関する理解を問うものである。

ア不適切。総務大臣は、地方公共団体情報システム機構処理事務の適正な実施を確保するため必要があると認めるときは、機構処理事務の実施の状況に関し、機構の事務所に立ち入らせ、機構処理事務の実施の状況に関し質問させ、若しくは帳簿書類その他の物件を検査させることができる（法38条の7　1項）。もっとも、この法務大臣の権限を、犯罪捜査のために認められたものと解釈してはならない（法38条の7　2項、35条3項）。

イ適　切。本記述のとおりである（法38条の6）。

ウ不適切。地方公共団体情報システム機構は、毎年少なくとも一回、機構処理事務の実施の状況について、総務省令で定めるところにより報告書を作成し、これを公表しなければならない（番号法38条の5）。

エ不適切。地方公共団体情報システム機構は、番号法の規定により機構が処理する事務（機構処理事務）の実施に関し総務省令で定める事項について機構処理事務管理規程を定め、総務大臣の認可を受けなければならない。そして、機構処理事務管理規程を変更する場合においても、同様に、総務大臣の認可を受けなければならない（番号法38条の2　1項）。

解答　イ

問題115. 戸籍関係情報作成用情報に関する以下のアからエまでの記述のうち、最も適切ではないものを1つ選びなさい。

ア．戸籍関係情報作成用情報については、個人情報保護法の開示、訂正及び利用停止請求の規定は、適用されない。

イ．戸籍関係情報作成用情報の作成に関する事務に従事していた者は、その業務に関して知り得た当該事務に関する秘密を漏らしてはならない。

ウ．戸籍関係情報作成用情報とは、戸籍関係情報を作成するために戸籍又は除かれた戸籍の副本に記録されている情報の電子計算機処理等を行うことにより作成される情報であり、当該戸籍関係情報を含んだものをいう。

エ．法務大臣は、戸籍関係情報作成用情報の作成に関する事務に関する秘密について、その漏えいの防止その他の適切な管理のために、当該事務に使用する電子計算機の安全性及び信頼性を確保することその他の必要な措置を講じなければならない。

解説　戸籍関係情報作成用情報

　本問は、戸籍関係情報作成用情報（法45条の2）に関する理解を問うものである。

ア適　切。本記述のとおりである。（法45条の2　8項）

イ適　切。本記述のとおりである。（法45条の2　3項）

ウ不適切。戸籍関係情報作成用情報とは、戸籍関係情報を作成するために戸籍又は除かれた戸籍の副本に記録されている情報の電子計算機処理等を行うことにより作成される情報であり、当該戸籍関係情報を除いたものをいう。（法45条の2　1項かっこ書き）

エ適　切。本記述のとおりである。（法45条の2　2項）

解答　ウ

問題116. 戸籍関係情報作成用情報に関する以下のアからエまでの記述のうち、最も適切ではないものを1つ選びなさい。

ア．戸籍関係情報作成用情報とは、戸籍関係情報を作成するために戸籍又は除かれた戸籍の副本に記録されている情報の電子計算機処理等を行うことにより作成される情報であり、当該戸籍関係情報を含むものをいう。

イ．法務大臣は、戸籍関係情報作成用情報の作成に関する事務に関する秘密について、その漏えいの防止その他の適切な管理のために必要な措置を講じなければならない。

ウ．戸籍関係情報作成用情報については、個人情報保護法の開示、訂正及び利用停止請求の規定は、適用されない。

エ．戸籍関係情報作成用情報の作成に関する事務に従事していた者は、その業務に関して知り得た当該事務に関する秘密を漏らしてはならない。

解説　戸籍関係情報作成用情報

　本問は、戸籍関係情報作成用情報（法45条の2）に関する理解を問うものである。

ア不適切。「戸籍関係情報作成用情報」とは、戸籍関係情報を作成するために戸籍又は除かれた戸籍の副本に記録されている情報の電子計算機処理等を行うことにより作成される情報であり、当該戸籍関係情報を除いたものをいう(法45条の2　1項かっこ書き)。

イ適　切。法務大臣は、戸籍関係情報作成用情報の作成に関する事務に関する秘密について、その漏えいの防止その他の適切な管理のために、当該事務に使用する電子計算機の安全性及び信頼性を確保することその他の必要な措置を講じなければならない（法45条の2　2項）。

ウ適　切。戸籍関係情報作成用情報については、個人情報保護法第5章第4節の規定（開示、訂正及び利用停止請求の規定）は、適用されない（法45条の2　8項）。

エ適　切。戸籍関係情報作成用情報の作成に関する事務に従事する者又は従事していた者は、その業務に関して知り得た当該事務に関する秘密を漏らし、又は盗用してはならない（法45条の2　3項）。

解答　ア

問題117. 個人番号利用事務実施者である健康保険組合等における措置等に関する以下のアからエまでの記述のうち、最も適切ではないものを１つ選びなさい。

ア．健康保険組合等は、情報提供等の記録の開示請求が行われた場合において、当該開示請求に係る情報に第三者（国、独立行政法人等、地方公共団体、地方独立行政法人、開示請求者及び開示請求を受けた者以外の者）に関する情報が含まれている場合は、番号法の規定により読み替えて準用される個人情報保護法の規定に基づき、当該第三者に対し意見書を提出する機会を与えることができる。

イ．健康保険組合等から受託した業務に従事している者等は、業務に関して知り得た情報提供等の記録の内容をみだりに他人に知らせ、又は不当な目的に利用してはならない。

ウ．健康保険組合等は、情報提供等の記録の訂正等が行われた場合は、内閣総理大臣及び情報照会者若しくは情報提供者又は条例事務関係情報照会者に対し、必要があると認めるときは、遅滞なく、その旨を書面により通知しなければならない。

エ．健康保険組合等は、必要があると認めるときは、開示請求等をしようとする者が容易かつ的確に開示請求等をすることができるよう、情報提供等の記録の特定に資する情報の提供その他適切な措置を講じなければならない。

解説　健康保険組合等における措置等

　　本問は、健康保険組合等における措置等に関する理解を問うものである。

ア適　切。本記述のとおりである。（法31条3項、個人情報保護法86条）

イ適　切。本記述のとおりである。（法31条3項、個人情報保護法67条）

ウ適　切。本記述のとおりである。（法31条3項、個人情報保護法97条）。

エ不適切。健康保険組合等は、開示請求等をしようとする者が容易かつ
　　　　　的確に開示請求等をすることができるよう、情報提供等の記
　　　　　録の特定に資する情報の提供その他開示請求等をしようとす
　　　　　る者の利便を考慮した適切な措置を講じなければならない
　　　　　（法31条3項、個人情報保護法125条）。よって、<u>必要がある
　　　　　と認めるときに限って当該措置を講ずるわけではない</u>。

解答　エ

問題118. 個人番号利用事務実施者である健康保険組合等における措置等に関する以下のアからエまでの記述のうち、最も<u>適切ではない</u>ものを1つ選びなさい。

ア. 健康保険組合等は、個人番号利用事務を処理するために必要があるときは、地方公共団体情報システム機構に対し、個人番号等の機構保存本人確認情報の提供を求めることができる。

イ. 健康保険組合等は、開示請求等をしようとする者が容易かつ的確に開示請求等をすることができるよう、情報提供等の記録の特定に資する情報の提供その他開示請求等をしようとする者の利便を考慮した適切な措置を講じなければならない。

ウ. 健康保険組合が被保険者の被扶養者の認定を行う場合には、被保険者は、事業主を通じて健康保険組合に対し、被扶養者に係る課税（非課税）証明書、年金額改定通知書等の写しを提出する必要があるが、情報提供ネットワークシステムを通じて、被扶養者の年間収入額、年金受給額の提供が行われた場合には、被保険者は、被扶養者に係るこれらの添付書類を提出する必要はない。

エ. 健康保険組合等は、情報提供等の記録の開示請求が行われた場合において、当該開示請求に係る情報に第三者（国、独立行政法人等、地方公共団体、地方独立行政法人、開示請求者及び開示請求を受けた者以外の者）に関する情報が含まれている場合には、当該第三者に対し意見書を提出する機会を与えることができるが、その場合は意見書を提出する機会を与えなければならず、健康保険組合等自身も「第三者」に該当することがある。

本問は、健康保険組合等における措置等に関する理解を問うものである。

ア適　切。健康保険組合等の個人番号利用事務実施者のうち施行令11条で定める者は、個人番号利用事務の対象者の個人番号が判明していない場合等、個人番号利用事務を処理するために必要があるときは、地方公共団体情報システム機構に対し、個人番号等の機構保存本人確認情報の提供を求めることができる。（法14条2項、令11条）

イ適　切。本記述のとおりである。（法31条3項5、個人情報保護法127条）

ウ適　切。法令又は条例の規定により当該特定個人情報と同一の内容の書面の提出が義務付けられている場合、情報提供ネットワークシステムを通じて情報提供者又は条例事務関係情報提供者から特定個人情報が提供されたときには、その書面の提出があったものとみなされる（法22条2項）。よって、健康保険組合が被保険者の被扶養者の認定を行う場合には、被保険者は、事業主を通じて健康保険組合に対し、被扶養者に係る課税（非課税）証明書、年金額改定通知書等の写しを提出する必要がある（健康保険法施行規則38条等）が、情報提供ネットワークシステムを通じて、被扶養者の年間収入額、年金受給額の提供が行われた場合には、被保険者は被扶養者に係るこれらの添付書類を提出する必要がなくなる。

エ不適切。健康保険組合等は、情報提供等の記録の開示請求が行われた場合において、当該開示請求に係る情報に第三者（国、独立行政法人等、地方公共団体、地方独立行政法人、開示請求者及び開示請求を受けた者以外の者）に関する情報が含まれている場合には、当該第三者に対し意見書を提出する機会を与えることができ、また、一定の場合には意見書を提出する機会を与えなければならない（法31条3項、個人情報保護法86条）が、健康保険組合等自身は、「第三者」に該当しない。

解答　エ

問題119. 金融機関における顧客の個人番号の取扱い事務に関する以下のア
からエまでの記述のうち、最も<u>適切ではない</u>ものを1つ選びなさい。

ア. 金融機関の顧客が個人番号の提供を拒んだ場合でも、安易に法定調
書等に個人番号を記載しないまま税務署等に書類を提出することは
せず、顧客に対し、個人番号の記載は法律で定められた義務である
ことを伝えて提供を求める必要があるが、それでもなお提供を受け
られない場合は、個人番号を記載しないまま税務署等に書類を提出
することができる。

イ. 金融機関が、激甚災害時等に金銭の支払を行う際に顧客から個人番
号の提供を受ける場合は、その利用目的を特定して、本人への通知
等を行う必要はない。

ウ. 金融機関Aが、金融機関Bの事業を承継することに伴い、Bの顧客の特
定個人情報を取得した場合、金融機関Aは、支払調書作成事務等のた
めにBが保有していた顧客の個人番号を、当該顧客に関する支払調書
作成事務等の範囲で利用することができる。

エ. 金融機関が、借入申込時の所得証明書類として、源泉徴収票等の個
人番号が記載された書類の提出を受けることは、番号法19条各号に
該当しないことから、当該書類の個人番号部分を復元できない程度
にマスキングしたとしても提出を受けることはできない。

解説　金融機関における顧客の個人番号の取扱い事務

　本問は、金融機関における顧客の個人番号の取扱い事務に関する理解を
問うものである。

ア適　切。金融機関は、法定調書の作成などに際し、顧客から個人番号の
　　　　　提供を受けられない場合でも、安易に法定調書等に個人番号を
　　　　　記載しないで税務署等に書類を提出しないことはできず、顧客
　　　　　に対し、個人番号の記載は、法律（国税通則法、所得税法等）
　　　　　で定められた義務であることを伝えて提供を求める必要があ
　　　　　る。それでも、なお提供を受けられない場合においては、税務署
　　　　　等は、番号制度導入直後の混乱を回避する観点などを考慮し、個
　　　　　人番号の記載がない場合でも書類を収受することとしている。

イ適　切。激甚災害時等に金銭の支払を行う場合には、法律の規定に基づいて、当初特定した利用目的を超えた個人番号の利用が認められている場合に当たることから、激甚災害時等に金銭の支払を行う事務を利用目的として特定して、本人への通知等を行う必要はない（法9条5項、30条2項、令10条、個人情報保護法18条3項1号）。

ウ適　切。個人情報取扱事業者は、合併その他の事由により他の個人情報取扱事業者から事業を承継することに伴って個人情報を取得した場合は、承継前における当該個人情報の利用目的の達成に必要な範囲を超えて、当該個人情報を取り扱ってはならない（法30条2項、個人情報保護法18条2項）。本記述のように、金融機関Aが金融機関Bの事業を承継するに伴って特定個人情報を取得した場合、Aは、支払調書作成事務のためにBが保有していた顧客の個人番号を、当該顧客に関する支払調書作成事務等の範囲で利用することができる。

エ不適切。金融機関が、借入申込時の所得証明書類として、給与所得の源泉徴収票等の個人番号が記載された書類の提出を受けた場合は、法第19条各号のいずれにも該当しないため、当該書類を受け取ることはできない（法20条、法19条各号参照）。もっとも、当該書類の個人番号部分を復元できない程度にマスキングすれば、提出を受けることが可能である。

解答　エ

問題120. 金融機関が顧客の個人番号を取り扱う事務に関する以下のアからエ
　　　　までの記述のうち、最も<u>適切ではない</u>ものを１つ選びなさい。

ア．金融機関が顧客から個人番号の提供を受けるに当たり、利用目的を
　　特定して本人への通知等を行う方法としては、個人情報の取得の際
　　と同様、利用目的を記載した書類の提示等の方法がある。

イ．金融機関は、利用目的を特定し、本人への通知等を行ったとしても、
　　その顧客の管理のために、個人番号を顧客番号として利用すること
　　はできない。

ウ．金融機関は、激甚災害時等に顧客に対して金銭の支払いを行う場合
　　においても、支払調書作成のために保有している個人番号を、顧客
　　の預金情報等の検索に利用することはできない。

エ．金融機関Aが、金融機関Bの事業を承継することに伴い、Bの顧客の
　　特定個人情報を取得した場合、金融機関Aは、支払調書作成事務等
　　のためにBが保有していた顧客の個人番号を、当該顧客に関する支
　　払調書作成事務等の範囲で利用することができる。

解説　金融機関が顧客の個人番号を取り扱う事務

ア適　切。金融機関は、顧客から個人番号の提供を受けるに当たって、利用目的を特定して本人への通知等を行う方法としては、個人情報の取得の際と同様、利用目的を記載した書類の提示等の方法とされている。

イ適　切。金融機関は、本人の同意があったとしても、例外として認められる場合（番号法9条5項、同法30条2項により読み替えて適用される個人情報保護法18条3項1号、番号法施行令10条及び番号法30条2項により読み替えて適用される個人情報保護法18条3項第2号）を除き、これらの事務以外で個人番号を利用してはならない。したがって、顧客の管理のために、個人番号を顧客番号として利用することはできない。

ウ不適切。金融機関は、激甚災害時等に顧客に対して金銭の支払いを行う場合においても、支払調書作成のために保管している個人番号を、顧客の預金情報等の検索に利用することができる。

エ適　切。個人情報取扱事業者は、合併その他の事由により他の個人情報取扱事業者から事業を承継することに伴って個人情報を取得した場合は、承継前における当該個人情報の利用目的の達成に必要な範囲を超えて、当該個人情報を取り扱ってはならない（法30条2項、個人情報保護法18条2項）が、本記述の様に、金融機関Aが金融機関Bの事業を承継するに伴って特定個人情報を取得した場合、Aは、支払調書作成事務のためにBが保有していた顧客の個人番号を、当該顧客に関する支払調書作成事務等の範囲で利用することができる。

解答　ウ

問題121. 金融機関における特定個人情報の収集及び保管に関する以下のア
からエまでの記述のうち、最も<u>適切な</u>ものを１つ選びなさい。

ア．特定口座や非課税口座等、毎年取引報告書の提出が義務付けられてい
る場合においても、金融機関は、顧客から提供を受けた特定個人情報
を毎年適当な時期に廃棄し、新たに提供を受けなければならない。

イ．金融機関は、顧客から個人番号の提供を受けるに当たり、想定され
る利用目的を特定し、顧客に通知するが、この通知方法としては、
当該利用目的を記載した書類を提示する方法が考えられる。

ウ．金融機関が、顧客から契約ごとに提供を受けた個人番号について、
その各個人番号が一致することによって結果的に当該顧客が同一人
物であることを認識することは、特定個人情報の利用制限に違反す
る行為である。

エ．金融機関の中で、単に個人番号が記載された書類等を受け取り、支
払調書作成事務に従事する者に受け渡す立場の者は、当該個人番号
により特定される本人から当該書類等を受け取る際に、当該書類等
の不備がないかどうか個人番号を含めて確認することはできない。

解説　金融機関における特定個人情報の収集及び保管

　　本問は、金融機関における特定個人情報の収集及び保管に関する理解を問うものである。

ア不適切。特定口座、非課税口座等、毎年取引報告書の提出が義務付けられている場合には、顧客から提供を受けた個人番号を取引報告書作成事務のために<u>翌年度以降も継続的に利用する必要があることから、特定個人情報を継続的に保管できると解されている</u>。

イ適　切。金融機関が、顧客から個人番号の提供を受けるに当たっては、想定される全ての支払調書作成事務等を利用目的として特定し、顧客に通知することが考えられる（法30条2項、個人情報保護法17条1項）。この通知等の方法としては、従来から行っている個人情報の取得の際と同様に、利用目的を記載した書類の提示等の方法が考えられる。

ウ不適切。金融機関は、個人番号関係事務を実施するために必要な範囲で名寄せを行うことができ、契約ごとに顧客から提供を受けた個人番号が一致することによって、結果的に当該顧客が同一人物であることを認識したとしても、特定個人情報の利用制限に<u>違反しない</u>。

エ不適切。金融機関の中で、単に個人番号が記載された書類等を受け取り、支払調書作成事務に従事する者に受け渡す立場の者は、当該個人番号により特定される本人から当該書類等を受け取る際に、当該書類等の不備がないかどうか個人番号を含めて<u>確認することができる</u>。

解答　イ

問題122. 金融機関における特定個人情報の収集及び保管に関する以下のアか
らエまでの記述のうち、最も適切なものを1つ選びなさい。

ア．金融機関の中で、単に個人番号が記載された書類等を受け取り、支
払調書作成事務に従事する者に受け渡す立場の者は、当該個人番号
により特定される本人から当該書類等を受け取る際に、当該書類等
の不備がないかどうか個人番号を含めて確認することはできない。

イ．金融機関の顧客が個人番号の提供を拒んだ場合でも、安易に法定調
書等に個人番号を記載しないまま税務署等に書類を提出することは
せず、顧客に対し、個人番号の記載は法律で定められた義務である
ことを伝えて提供を求める必要があるが、それでもなお提供を受け
られない場合は、個人番号を記載しないまま税務署等に書類を提出
することができる。

ウ．特定口座や非課税口座等、毎年取引報告書の提出が義務付けられ
ている場合においても、金融機関は、顧客から提供を受けた特定個
人情報を毎年適当な時期に廃棄し、新たに提供を受けなければな
らない。

エ．保険会社から個人番号関係事務の委託を受けた保険代理店は、当該
保険会社が既に顧客から個人番号の提供を受けて適法に保管してい
る場合であっても、保険契約締結の都度個人番号の提供を求める必
要がある。

| 解説 | 金融機関における特定個人情報の収集及び保管 |

本問は、金融機関における特定個人情報の収集及び保管に関する理解を問うものである。

ア不適切。金融機関の中で、単に個人番号が記載された書類等を受け取り、支払調書作成事務に従事する者に受け渡す立場の者は、当該個人番号により特定される本人から当該書類等を受け取る際に、当該書類等の不備がないかどうか個人番号を含めて確認することができる。

イ適　切。金融機関は、法定調書の作成などに際し、顧客から個人番号の提供を受けられない場合でも、安易に法定調書等に個人番号を記載しないで税務署等に書類を提出しないことはできず、顧客に対し、個人番号の記載は、法律（国税通則法、所得税法等）で定められた義務であることを伝えて提供を求める必要がある。それでも、なお提供を受けられない場合においては、税務署等は、番号制度導入直後の混乱を回避する観点などを考慮し、個人番号の記載がない場合でも書類を収受することとしている。

ウ不適切。特定口座、非課税口座等、毎年取引報告書の提出が義務付けられている場合には、顧客から提供を受けた個人番号を取引報告書作成事務のために翌年度以降も継続的に利用する必要があることから、特定個人情報を継続的に保管できると解されている。

エ不適切。保険会社が、前の保険契約を締結した際に支払調書作成事務のために提供を受けた個人番号は、後の保険契約に基づく支払調書作成事務のために利用することができると解されている。このことから、保険会社から個人番号関係事務の委託を受けた保険代理店が、当該保険会社が既に顧客から個人番号の提供を受けて適法に保管している場合においては、保険契約締結の都度、顧客に対して個人番号の提供を求める必要はないと解されている。

| 解答　イ |

問題123. 生命保険契約に関連して顧客の個人番号を取り扱う事務に関する以下のアからエまでの記述のうち、最も<u>適切ではない</u>ものを1つ選びなさい。

ア．生命保険契約に基づく保険金の支払に伴う支払調書作成事務については、実際の保険金支払時期ではなく、保険契約の締結時点で保険契約者及び保険金等受取人の個人番号の提供を求めることも可能であると解されている。

イ．保険契約者が死亡している場合であっても、生命保険会社は、支払調書に当該保険契約者の個人番号を記載して税務署長に提出しなければならない。

ウ．複数の生命保険会社の商品を販売している保険代理店が、複数の生命保険会社を連名にして同一の機会に個人番号の提供を受けた場合であれば、当該保険代理店は当該個人番号を保険会社ごとに別々に保管する必要はない。

エ．保険会社から個人番号関係事務の委託を受けた保険代理店が、当該保険会社が既に顧客から個人番号の提供を受けて適法に保管している場合においては、保険契約締結の都度、顧客に対して個人番号の提供を求める必要はない。

解説　生命保険契約に関連して顧客の個人番号を取り扱う事務

　　本問は、生命保険契約に関連して顧客の個人番号を取り扱う事務に関する理解を問うものである。

ア適　切。金融機関は、個人番号関係事務が発生した時点で個人番号の提供を求めることが原則であるが、顧客との法律関係等に基づき、個人番号関係事務の発生が予想される場合には、契約を締結した時点等の当該事務の発生が予想できた時点で個人番号の提供を求めることが可能であると解されている。このことから、生命保険契約に基づく保険金の支払に伴う支払調書作成事務の場合においては、実際の保険金支払時期ではなく、保険契約の締結時点で保険契約者等及び保険金等受取人の個人番号の提供を求めることも可能であると解されている。

イ適　切。生命保険会社は、保険契約者が死亡している場合であっても、所得税法225条1項4号の規定に従い、支払調書に保険契約者の個人番号を記載して税務署長に提出する義務がある（法19条2号参照）。

ウ不適切。複数の損害保険会社・生命保険会社の商品を販売している保険代理店が、複数の保険会社を連名にして同一の機会に個人番号の提供を受けた場合でも、当該保険代理店は、<u>当該個人番号の利用・保管について各保険会社ごとに別々で行う必要があり、共同で利用することはできない</u>。

エ適　切。保険会社が、前の保険契約を締結した際に支払調書作成事務のために提供を受けた個人番号は、後の保険契約に基づく支払調書作成事務のために利用することができると解されている。このことから、保険会社から個人番号関係事務の委託を受けた保険代理店が、当該保険会社が既に顧客から個人番号の提供を受けて適法に保管している場合においては、保険契約締結の都度、顧客に対して個人番号の提供を求める必要はないと解されている。

解答　ウ

問題124. 生命保険契約に関連して顧客の個人番号を取り扱う事務に関する
以下のアからエまでの記述のうち、最も<u>適切ではない</u>ものを1つ
選びなさい。

ア．保険会社は、保険契約の締結時点において、生命保険契約に基づく
保険金等の支払に伴う支払調書の作成事務のため、保険契約者及び
保険金受取人の個人番号の提供を求めることができる。

イ．保険会社から個人番号関係事務を受けて個人番号を取り扱う代
理店は、委託契約に基づいて個人番号を保管する必要がある場合
を除き、できるだけ速やかに顧客の個人番号が記載された書類等
を保険会社に受け渡さなければならない。

ウ．生命保険会社又は損害保険会社と同様の業務を行う共済団体は、災
害対策基本法の規定により一定の区域への立入りの制限等を命ぜら
れた際、個人番号関係事務を処理する目的で保有している個人番号
について、顧客に対する金銭の支払を行うという目的のために利用
することができる。

エ．生命保険会社は、顧客と保険契約を締結した際に保険金支払に関す
る支払調書作成事務のために提供を受けた個人番号を、その後に同
顧客と締結した保険契約に基づく保険金支払に関する支払調書作成
事務のために利用することはできない。

解説　生命保険契約に関連して顧客の個人番号を取り扱う事務

　　本問は、生命保険契約に関連して顧客の個人番号を取り扱う事務に関す
る理解を問うものである。

ア適　切。個人番号関係事務実施者は、個人番号関係事務が発生した時
　　　　　点で個人番号の提供を求めることが原則である。もっとも、
　　　　　顧客との法律関係等に基づき、個人番号関係事務の発生が予
　　　　　想される場合には、契約を締結した時点等の当該事務の発生
　　　　　が予想できた時点で個人番号の提供を求めることが可能とさ
　　　　　れている。このことから、保険会社は、保険契約の締結時点
　　　　　において、生命保険契約に基づく保険金等の支払に伴う支払

調書の作成事務のため、保険契約者及び保険金受取人の個人番号の提供を求めることができると解されている。

イ適　切。何人も、法19条各号のいずれかに該当する場合を除き、特定個人情報（他人の個人番号を含むものに限る。）を収集し、又は保管してはならない（法20条）。従って、保険会社から個人番号関係事務の委託を受けて個人番号を取り扱う代理店は、委託契約に基づいて個人番号を保管する必要がある場合を除き、できるだけ速やかに顧客の個人番号が記載された書類等を保険会社に受け渡さなければならず、当該代理店の中に個人番号を残してはならない。

ウ適　切。生命保険会社、損害保険会社及び生命保険会社又は損害保険会社と同様の業務を行う共済団体等は、災害対策基本法63条1項その他内閣府令で定める法令の規定により一定の区域への立入りを制限、禁止され、若しくは当該 区域からの退去を命ぜられたときに、支払調書の作成等の個人番号関係事務を処理する目的で保有している個人番号について、顧客に対する金銭の支払を行うという別の目的のために、顧客の預金情報等の検索に利用することができる。（法9条5項、同法30条2項により読み替えて適用される個人情報保護法18条3項1号、令10条、激甚災害が発生したとき等においてあらかじめ締結した契約に基づく金銭の支払を行うために必要な限度で行う個人番号の利用に関する内閣府令（平成27年内閣府令第74号）。

エ不適切。個人情報取扱事業者は、あらかじめ本人の同意を得ないで、前条の規定により特定された利用目的の達成に必要な範囲を超えて、特定個人情報を取り扱ってはならない（法30条2項により読み替えて適用される個人情報保護法18条1項）。本記述にある両契約は、同じ保険金支払に関する支払調書作成事務のために利用するものであるから、生命保険会社は、従前の保険契約を締結した際に顧客から提供を受けた個人番号について、その後に同顧客と締結した保険契約に基づく同事務のために利用することができる。

解答　エ

問題125. 株式等振替制度を活用した特定個人情報の提供に関する以下のア
からエまでの記述のうち、最も<u>適切な</u>ものを1つ選びなさい。

ア. 株主 → 口座管理機関（証券会社A）→ 口座管理機関（証券会社B）
→ 振替機関C → 株式発行者D→ 税務署長Eという順番で、株主の特
定個人情報が提供される場合、AからBへの特定個人情報の提供は、
番号法19条12号の社債、株式等の振替に関する法律に基づく提供に
当たる。

イ. 株主 → 口座管理機関（証券会社X）→ 口座管理機関（証券会社Y）
→ 振替機関Z → 株式発行者D → 税務署長Eという順番で、株主の
特定個人情報が提供される場合、DからEへの特定個人情報の提供は、
番号法19条12号の社債、株式等の振替に関する法律に基づく提供に
当たる。

ウ. 証券会社は、提供する特定個人情報が漏えいした場合において、そ
の旨及びその理由を遅滞なく個人情報保護委員会に報告するために
必要な体制を整備しなければならないが、提供を受ける者が同様の
体制を整備していることを確認することまでは求められていない。

エ. 株式等振替制度を活用して特定個人情報を提供するためには、特定
個人情報の安全を確保するための必要な措置として、特定個人情報
を提供する者の使用に係る電子計算機に、特定個人情報の提供を受
ける者の名称、提供の日時及び主務省令で定める事項を記録し、そ
の記録を5年間保存しなければならない。

解説　株式等振替制度を活用した特定個人情報の提供

　本問は、株式等振替制度を活用した特定個人情報の提供に関する理解を問うものである。

ア適　切。株主 → 口座管理機関（証券会社A） → 口座管理機関（証券会社B） → 振替機関C → 株式発行者D → 税務署長Eという順番で、株主の特定個人情報が提供される場合における、AからBへの特定個人情報の提供は、口座管理機関が他の口座管理機関に対し、支払調書に記載されるべき個人番号として株主が口座管理機関に告知した特定個人情報を提供する場合に当たる。

イ不適切。株主 → 口座管理機関（証券会社A） → 口座管理機関（証券会社B） → 振替機関C → 株式発行者D → 税務署長Eという順番で、株主の特定個人情報が提供される場合における、DからEへの特定個人情報の提供は、個人番号関係事務実施者が個人番号関係事務を処理するために必要な限度で特定個人情報を提供する場合に当たり、DからEへの特定個人情報の提供の根拠となる条文は、法19条2号である。

ウ不適切。証券会社は、提供する特定個人情報が漏えいした場合において、その旨及びその理由を遅滞なく個人情報保護委員会に報告するために必要な体制を整備しなければならないが、提供を受ける者が同様の体制を整備していることを確認することまでしなければならない。（法19条12号、令24条）

エ不適切。株式等振替制度を活用して特定個人情報を提供するためには、特定個人情報の安全を確保するための必要な措置として、特定個人情報を提供する者の使用に係る電子計算機に、特定個人情報の提供を受ける者の名称、提供の日時及び主務省令で定める事項を記録し、その記録を7年間保存しなければならない。（法19条12号、令24条1号）

解答　ア

問題126. 株式等振替制度を活用した特定個人情報の提供に関する以下のアからエまでの記述のうち、最も<u>適切な</u>ものを1つ選びなさい。

ア. 証券会社は、提供する特定個人情報が漏えいした場合において、その旨及びその理由を遅滞なく個人情報保護委員会に報告するために必要な体制を整備しなければならないが、提供を受ける者が同様の体制を整備していることを確認することまでは求められていない。

イ. 株主 → 口座管理機関（証券会社X）→ 口座管理機関（証券会社Y）→ 振替機関Z → 株式発行者 → 税務署長という順番で、株主の特定個人情報が提供される場合、YからZへの特定個人情報の提供は、番号法19条12号の社債、株式等の振替に関する法律に基づく提供に当たる。

ウ. 株式等振替制度を活用して特定個人情報を提供するためには、特定個人情報の安全を確保するための必要な措置として、特定個人情報を提供する者の使用に係る電子計算機に、特定個人情報の提供を受ける者の名称、提供の日時及び主務省令で定める事項を記録し、その記録を5年間保存しなければならない。

エ. 株主 → 口座管理機関（証券会社X） → 口座管理機関（証券会社Y） → 振替機関Z → 株式発行者A → 税務署長Bという順番で、株主の特定個人情報が提供される場合、AからBへの特定個人情報の提供は、番号法19条12号の社債、株式等の振替に関する法律に基づく提供に当たる。

解説　株式等振替制度を活用した特定個人情報の提供

　本問は、株式等振替制度を活用した特定個人情報の提供に関する理解を問うものである。

ア不適切。証券会社は、提供する特定個人情報が漏えいした場合において、その旨及びその理由を遅滞なく個人情報保護委員会に報告するために必要な体制を整備しなければならないが、提供を受ける者が同様の体制を整備していることを確認することまでしなければならない（法19条13号、令24条）。

イ適　切。株主 → 口座管理機関（証券会社X）→ 口座管理機関（証券会社Y）→ 振替機関 → 株式発行者 → 税務署長という順番で、株主の特定個人情報が提供される場合における、XからYへの特定個人情報の提供は、口座管理機関が他の口座管理機関に対し、支払調書に記載されるべき個人番号として株主が口座管理機関に告知した特定個人情報を提供する場合に当たる。よって、XからYへの特定個人情報の提供の根拠となる条文は、法19条12号である。

ウ不適切。株式等振替制度を活用して特定個人情報を提供するためには、特定個人情報の安全を確保するための必要な措置として、特定個人情報を提供する者の使用に係る電子計算機に、特定個人情報の提供を受ける者の名称、提供の日時及び主務省令で定める事項を記録し、その記録を7年間保存しなければならない（法19条12号、令24条1号）。

エ不適切。株主 → 口座管理機関（証券会社X）→ 口座管理機関（証券会社Y）→ 振替機関Z → 株式発行者A → 税務署長Bという順番で、株主の特定個人情報が提供される場合における、AからBへの特定個人情報の提供は、個人番号関係事務実施者が個人番号関係事務を処理するために必要な限度で特定個人情報を提供する場合に当たる。よって、AからBへの特定個人情報の提供の根拠となる条文は、法19条2号である。

解答　イ

問題127. 法人番号の指定に関する以下のアからエまでの記述のうち、最も
適切なものを1つ選びなさい。

ア. 外国に本店がある法人であっても、国内事務所を支店登記した場合
は、法人番号が指定される。

イ. 税務署に開業届を提出している個人事業者は、法人番号が指定され
ない。

ウ. 民法上の組合にも、法人番号が指定される。

エ. 法人番号は、指定した法人等の活動実体があることを証明するもの
である。

解説　法人番号の指定

　本問は、法人番号の指定に関する理解を問うものである。

ア不適切。外国に本店がある法人（外国法人）は、設立登記のない法人
に該当する。よって、国内事務所を支店登記したとしても、
法人番号は指定されない。

イ適　切。個人事業者には、法人番号は指定されない。

ウ不適切。民法上の組合には、法人番号は指定されない。

エ不適切。法人番号は、特定の法人や団体を識別する機能を活用し、行
政の効率化や企業の事務負担の軽減を図ることを目的として、
登記や税務上の届出等に基づき指定されるものである。よっ
て、活動実態があることを証明するものではない。

解答　イ

問題128. 法人番号の指定に関する以下のアからエまでの記述のうち、最も
適切なものを1つ選びなさい。

ア．民法上の組合にも、法人番号が指定される。

イ．法人番号は、指定した法人等の活動実体があることを証明するもの
ではない。

ウ．外国に本店がある法人であっても、国内事務所を支店登記した場合
は、法人番号が指定される。

エ．税務署に開業届を提出している個人事業者は、法人番号が指定される。

解説　法人番号の指定

　本問は、法人番号の指定に関する理解を問うものである。

ア不適切。民法上の組合には、法人番号は指定されない。

イ適　切。法人番号は、特定の法人や団体を識別する機能を活用し、行
政の効率化や企業の事務負担の軽減を図ることを目的として、
登記や税務上の届出等に基づき指定されるものである。よっ
て、活動実態があることを証明するものではない。

ウ不適切。外国に本店がある法人（外国法人）は、設立登記のない法人
に該当する。よって、国内事務所を支店登記したとしても、
法人番号は指定されない。

エ不適切。個人事業者には、法人番号は指定されない。

解答　イ

問題129. 法人番号等の公表に関する以下のアからエまでの記述のうち、最も
適切ではないものを1つ選びなさい。

ア. 国税庁長官は、法人等に対して法人番号を指定した場合は、当該指
定に係る法人番号保有者についての一定の事項について、インター
ネットを利用した公衆の閲覧に供する方法により公表する。

イ. 国税庁長官は、法人番号保有者の商号又は名称、本店又は主たる事
務所の所在地及び法人番号の公表を行った場合において、当該公表
に係る法人番号保有者について、会社法の規定による清算の結了が
あったときは、当該事実の確認の上、速やかに、当該法人番号保有
者について当該事由が生じた旨及び当該事由が生じた年月日を公表
しなければならない。

ウ. 国税庁長官は、番号法39条4項の規定による公表を行った場合にお
いて、当該公表に係る法人番号保有者について、当該公表に係る事
項に変更があったときは、財務省令で定めるところによりその事実
を確認した上で、これらの事項に加えて、速やかに、これらの事項
に変更があった旨及び変更後のこれらの事項を前項に規定する方法
により公表しなければならない。

エ. 国税庁長官は、法人番号保有者の商号又は名称、本店又は主たる事
務所の所在地及び法人番号を公表する。そして、この公表の対象が
人格のない社団等である場合は、あらかじめ、その代表者又は管理
人の同意を得なければならない。

解説　法人番号の公表

　本問は、法人番号（法39条）に関する理解を問うものである。

ア適　切。国税庁長官は、施行令38条で定めるところにより、法定の要
件を満たす法人等（会社法その他の法令の規定により設立の
登記をした法人（設立登記法人）、税法上、給与支払事務所等
の開設届出書、法人設立届出書、外国普通法人となった旨の
届出書、収益事業開始届出書、消費税課税事業者届出書、消
費税の新設法人に該当する旨の届出書又は消費税の特定新規

設立法人に該当する旨の届出書を提出することとされている
もの。）に対して、法人番号を指定し、これを当該法人等に通
知する（法39条1項）。加えて、法人番号の指定を受けた法人
番号保有者の商号又は名称、本店又は主たる事務所の所在地
及び法人番号を、速やかに、インターネットを利用して公衆
の閲覧に供する方法により行う。（法39条4項、令41条1項）

イ適　切。国税庁長官は、法人番号保有者の商号又は名称、本店又は主
たる事務所の所在地及び法人番号を公表を行った場合におい
て、当該公表に係る法人番号保有者について、会社法第二編
第九章の規定による清算の結了その他の財務省令で定める事
由が生じたときは、財務省令で定めるところによりその事実
の確認した上で、速やかに、当該法人番号保有者について当
該事由が生じた旨及び当該事由が生じた年月日（当該年月日
が明らかでないときは、国税庁長官が当該事由が生じたこと
を知った年月日）を、インターネットを利用して公衆の閲覧に
供する方法により公表する。（法39条4項、令41条3項・1項）

ウ適　切。国税庁長官は、番号法39条4項の規定による公表を行った場
合において、当該公表に係る法人番号保有者について、当該
公表に係る事項に変更があったときは、財務省令で定めると
ころによりその事実を確認した上で、これらの事項に加えて、
速やかに、これらの事項に変更があった旨及び変更後のこれ
らの事項を前項に規定する方法により公表しなければならな
い。（法39条4項、令41条2項・1項）

エ不適切。国税庁長官は、法人番号保有者の商号又は名称、本店又は主
たる事務所の所在地及び法人番号を公表する。そして、この
公表の対象が人格のない社団等である場合は、あらかじめ、
その代表者又は管理人の同意を得なければならない。

解答　エ

問題130. 法人番号等の指定及び公表に関する以下のアからエまでの記述の
うち、最も<u>適切ではない</u>ものを1つ選びなさい。

ア．国税庁長官による法人番号の公表は、インターネットを利用して公
衆の閲覧に供する方法により行われる。

イ．人格のない社団等であって政令で定めるものは、商号又は名称及び
本店又は主たる事務所の所在地その他財務省令で定める事項を国税
庁長官に届け出て、法人番号の指定を受けることができる。

ウ．国税庁長官は、法人番号保有者の商号又は名称、本店又は主たる事
務所の所在地及び法人番号の公表を行った場合において、当該公表
に係る法人番号保有者について、公表に係る事項に変更があったと
きは、その事実を確認した上で、10日以内に、当該事項に変更があっ
た旨及び変更後の事項を公表しなければならない。

エ．清算の結了等により法人格が消滅した場合、法人番号は抹消されず、
当該事由が生じた旨及び当該事由が生じた年月日が公表される。

解説　法人番号の指定及び公表

　　本問は、法人番号等の指定及び公表に関する理解を問うものである。

ア適　切。国税庁長官による法人番号の公表は、法人番号の指定をした
　　　　　後（当該公表に係る法人番号保有者が人格のない社団等であ
　　　　　る場合にあっては、当該指定をし、及びその代表者又は管理
　　　　　人の同意を得た後）、速やかに、インターネットを利用して
　　　　　公衆の閲覧に供する方法により行われる。（法39条4項、令
　　　　　41条1項）

イ適　切。法人等以外の法人又は人格のない社団等であって政令で定め
　　　　　るものは、政令で定めるところにより、その者の商号又は名
　　　　　称及び本店又は主たる事務所の所在地その他財務省令で定め
　　　　　る事項を国税庁長官に届け出て法人番号の指定を受けること
　　　　　ができる。（法39条2項）

ウ不適切。国税庁長官は、番号法39条4項の規定による公表を行った場
　　　　　合において、当該公表に係る法人番号保有者について、当該
　　　　　公表に係る事項に変更があったときは、財務省令で定めると
　　　　　ころによりその事実を確認した上で、これらの事項に加えて、
　　　　　速やかに、これらの事項に変更があった旨及び変更後のこれ
　　　　　らの事項を前項に規定する方法により公表しなければならな
　　　　　い。（法39条4項、令41条2項・1項）

エ適　切。本記述のとおりである。（法39条4項、令41条1項）

解答　ウ

問題131．個人情報保護委員会に関する以下のアからエまでの記述のうち、最も適切ではないものを１つ選びなさい。

ア．個人情報保護委員会は、委員長及び委員８人で組織するが、委員のうち４人は非常勤とする。

イ．委員長及び常勤の委員は、在任中、内閣総理大臣の許可のある場合を除くほか、報酬を得て他の職務に従事し、又は営利事業を営み、その他金銭上の利益を目的とする業務を行ってはならない。

ウ．個人情報保護委員会は、行政機関等の事務及び事業の適正かつ円滑な運営を図り、並びに個人情報の適正かつ効果的な活用が新たな産業の創出並びに活力ある経済社会及び豊かな国民生活の実現に資するものであることその他の個人情報の有用性に配慮しつつ、個人の権利利益を保護するため、個人情報の適正な取扱いの確保を図ることを任務とする機関である。

エ．個人情報保護委員会の所管事務の１つとして、特定個人情報の取扱いに関する監視又は監督は挙げられているが、苦情の申出についての必要なあっせん及びその処理を行う事業者への協力に関することは挙げられていない。

解説　個人情報保護委員会

本問は、個人情報保護委員会に関する理解を問うものである。

ア適　切。本記述のとおりである。（個人情報保護法134条１項・２項）
イ適　切。本記述のとおりである。（個人情報保護法142条２項）
ウ適　切。本記述のとおりである。（個人情報保護法131条）
エ不適切。個人情報保護委員会の所管事務の１つとして、特定個人情報（番号法2条8項に規定する特定個人情報をいう。）の取扱いに関する監視又は監督並びに苦情の申出についての必要なあっせん及びその処理を行う事業者への協力に関すること（個人情報保護法132条4号）が挙げられている。

解答　エ

問題132. 個人情報保護委員会に関する以下のアからエまでの記述のうち、最も適切ではないものを1つ選びなさい。

ア. 個人情報保護委員会は、個人情報保護法に基づく「個人情報の保護に関する基本方針」の策定等を行い、官民の幅広い主体による地域や国境を越えた個人情報等の取扱いについて、保護及び適正かつ効果的な活用の促進のための取組を推進している。

イ. 個人情報保護委員会の所管事務の1つとして、「所掌事務に係る国際協力に関すること」が挙げられている。

ウ. 個人情報保護委員会は、委員長及び委員10人で組織し、委員のうち4人は非常勤とする。

エ. 個人情報保護委員会の委員長及び委員は、独立してその職権を行う。

解説　個人情報保護委員会

　　本問は、個人情報保護委員会（個人情報保護法130条以下）に関する理解を問うものである。

ア適　切。本記述のとおりである。

イ適　切。本記述のとおりである。（個人情報保護法132条8号）

ウ不適切。個人情報保護委員会は、委員長及び委員8人で組織し、委員のうち4人は非常勤とする。（個人情報保護法134条1項・2項）

エ適　切。本記述のとおりである。（個人情報保護法133条）

解答　ウ

問題133. 個人情報保護委員会に関する以下のアからエまでの記述のうち、最も<u>適切な</u>ものを１つ選びなさい。

ア．個人情報保護委員会の委員長及び委員は、その在任中、個人情報保護法又は番号法以外の法律に違反して罰金刑に処せられた場合、罷免される。

イ．個人情報保護委員会の委員長及び委員には、個人情報の保護及び適正かつ効果的な活用に関する学識経験のある者、消費者の保護に関して十分な知識と経験を有する者、情報処理技術に関する学識経験のある者、行政分野に関する学識経験のある者の推薦する者が含まれるものとする。

ウ．個人情報保護委員会の委員長及び委員は、再任されることはない。

エ．個人情報保護委員会は、任意の判断で、あらかじめ、委員長に事故がある場合に委員長を代理する者を定めておくことができる。

解説　個人情報保護委員会

　本問は、個人情報保護委員会に関する理解を問うものである。

ア不適切。個人情報保護委員会の委員長及び委員は、その在任中、①破産手続開始の決定を受けたとき、②個人情報保護法又は番号法の規定に違反して刑に処せられたとき、③禁錮以上の刑に処せられたとき、④心身の故障のため職務を執行することができないと認められたとき、又は職務上の義務違反その他委員長若しくは委員たるに適しない非行があると認められたときに、内閣総理大臣によって罷免される（個人情報保護法136条、137条）。個人情報保護法又は番号法以外の法律に違反して罰金刑に処せられた場合は、法定の罷免事由に当たらない（刑の重さは、重い順に死刑・懲役・禁錮・罰金・科料となるため。）。

イ適　切。本記述のとおりである。（個人情報保護法134条4項）

ウ不適切。個人情報保護委員会の委員長及び委員は、再任することができる。（個人情報保護法135条2項）

エ不適切。個人情報保護委員会の委員長は、委員会の会務を総理し、委員会を代表する。そして、委員会は、あらかじめ常勤の委員のうちから、委員長に事故がある場合に委員長を代理する者を定めておかなければならない（個人情報保護法138条）。よって、任意に代理する者を定めるか否かを判断できるわけではない。

解答　イ

問題134. 個人情報保護委員会に関する以下のアからエまでの記述のうち、最も適切ではないものを１つ選びなさい。

ア. 個人情報保護委員会の委員長及び委員には、個人情報の保護及び適正かつ効果的な活用に関する学識経験のある者、消費者の保護に関して十分な知識と経験を有する者、情報処理技術に関する学識経験のある者、行政分野に関する学識経験のある者の推薦する者が含まれるものとする。

イ. 委員長及び委員は、委員会に、専門の事項を調査させるため、専門委員を置くことができる。

ウ. 個人情報保護委員会の委員長、委員、専門委員及び事務局の職員は、職務上知ることのできた秘密を漏らし、又は盗用してはならない。その職務を退いた後も、同様とする。

エ. 個人情報保護委員会の常勤の委員は、在任中、委員長の許可のある場合を除くほか、報酬を得て他の職務に従事し、又は営利事業を営み、その他金銭上の利益を目的とする業務を行ってはならない。

| 解説　個人情報保護委員会 |

本問は、個人情報保護委員会（個人情報保護法130条以下）に関する理解を問うものである。

ア適　切。本記述の通りである。（個人情報保護法134条４項）

イ適　切。本記述の通りである。（個人情報保護法140条１項）

ウ適　切。本記述の通りである。（個人情報保護法143条）

エ不適切。個人情報保護委員会の常勤の委員は、在任中、内閣総理大臣の許可のある場合を除くほか、報酬を得て他の職務に従事し、又は営利事業を営み、その他金銭上の利益を目的とする業務を行ってはならない。（個人情報保護法142条２項）

| 解答　エ |

問題135. 次の番号法第50条における個人番号の秘密保持義務及び盗用に関する以下のアからエまでの記述のうち、最も<u>適切な</u>ものを1つ選びなさい。

【番号法】

第50条　第二十五条（第二十六条において準用する場合を含む。）の規定に違反して秘密を漏らし、又は盗用した者は、<u>A</u>以下の懲役若しくは<u>B</u>以下の罰金に<u>C</u>。

ア．この条文の「第二十五条（第二十六条において準用する場合を含む。）の規定」には、「情報提供等事務又は情報提供ネットワークシステムの運営に関する事務に従事する者」とあるが、過去に従事したものは含まれない。

イ．この条文の下線部Aは、2年である。

ウ．この条文の下線部Bは、150万円である。

エ．この条文の下線部Cでは、A以下の懲役かB以下の罰金のどちらかに処すとしている。

解説　罰則（法50条）

　本問は、罰則（法50条）に関する理解を問うものである。

【番号法】

　第 50 条　第二十五条（第二十六条において準用する場合を含む。）
　　　　　　の規定に違反して秘密を漏らし、又は盗用した者は、<u>三年</u>
　　　　　　以下の懲役若しくは<u>百五十万円</u>以下の<u>罰金に処し、又はこ</u>
　　　　　　<u>れを併科する</u>。

ア不適切。法25条は、「情報提供等事務又は情報提供ネットワークシス
　　　　　テムの運営に関する事務に従事する者又は<u>従事していた者</u>
　　　　　は、その業務に関して知り得た当該事務に関する秘密を漏ら
　　　　　し、又は盗用してはならない。」提起している。

イ不適切。<u>3</u>年である。

ウ適　切。本記述のとおり、150万円である。

エ不適切。この条文の下線部Cは、「<u>罰金に処し、又はこれを併科する</u>。」
　　　　　としている。

解答　ウ

問題136. 番号法における罰則に関する以下のアからエまでの記述のうち、最も<u>適切ではない</u>ものを１つ選びなさい。

ア．個人番号利用事務等に従事する者又は従事していた者が、その業務に関して知り得た個人番号を自己若しくは第三者の不正な利益を図る目的で提供・盗用することには、罰則が設けられているが、ここでいう「その業務に関して知り得た個人番号」には、散在している個人番号は含まれない。

イ．個人番号利用事務等に従事する者又は従事していた者が、正当な理由がないのに、その業務に関して取り扱った個人の秘密に属する事項が記録された特定個人情報ファイルを提供することには、罰則が設けられているが、ここでいう「提供」には、個人の秘密に属する事項が記録された特定個人情報ファイルを管理するシステムを操作するためのパスワードを知らせてこれを操作させることも含まれる。

ウ．日本国外で番号法に違反する行為が行われた場合でも、番号法に規定されている罰則が適用される場合があるが、例えば、詐欺行為等による個人番号の取得が国外で行われた場合は、国外犯処罰の対象になる。

エ．番号法には、特定個人情報等の漏えいを防ぐためにさまざまな規定が設けられているが、これらの番号法上の保護規定に違反する行為があっても、それらのみを理由として、直ちに罰則が科されるわけではない。

解説　罰則

　本問は、番号法における罰則（法48条〜法57条）に関する理解を問うものである。

ア不適切。個人番号利用事務等に従事する者又は従事していた者が、その業務に関して知り得た個人番号を自己若しくは第三者の不正な利益を図る目的で提供・盗用することには、罰則が設けられているが（法49条）、ここでいう「その業務に関して知り得た個人番号」には、散在している個人番号も含まれる。

イ適　切。個人番号利用事務等に従事する者又は従事していた者が、正当な理由がないのに、その業務に関して取り扱った個人の秘密に属する事項が記録された特定個人情報ファイルを提供することには、罰則が設けられているが（法48条）、ここでいう「提供」には、個人の秘密に属する事項が記録された特定個人情報ファイルを管理するシステムを操作するためのパスワードを知らせてこれを操作させることも含まれる。

ウ適　切。本記述の通りである。（法56条）

エ適　切。番号法には、特定個人情報等の漏えいを防ぐためにさまざまな規定が設けられているが、これらの番号法上の保護規定に違反する行為の全てに対して罰則が科されているわけではなく、個人情報保護委員会の勧告・命令があり、その命令に違反した場合に罰則が科されることになっているもの（法53条）もある。

解答　ア

問題137. 番号法51条の罰則規定に関する以下のアからエまでの記述のうち、最も<u>適切ではない</u>ものを1つ選びなさい。

ア．不正アクセス行為の禁止等に関する法律（以下、本肢で「当該法律」とする）に規定される不正アクセス行為により、個人番号を取得した者には、番号法51条の罰則は適用されず、当該法律の罰則が適用される。

イ．法人の従業者が、その業務に関して、個人番号を管理する者を欺く行為により、個人番号を取得した場合、当該法人に対しても番号法51条の罰則が適用される。

ウ．人に暴行を加え、若しくは人を脅迫する行為により個人番号を取得した者には、番号法51条の罰則が適用され、さらに刑法の罰則の適用を受ける場合がある。

エ．施設への侵入行為により、個人番号を取得した者には、番号法51条の罰則が適用される。

解説　罰則（法51条）

　本問は、番号法51条の罰則に関する理解を問うものである。

ア不適切。不正アクセス行為の禁止等に関する法律2条4項に規定される不正アクセス行為により、個人番号を取得した者には、<u>3年以下の懲役又は150万円以下の罰金刑が科される</u>（法51条1項）。不正アクセス行為の禁止等に関する法律に規定される罰則（不正アクセス行為の禁止等に関する法律11条以下）のみが適用されるわけではない。

イ適　切。本記述のとおりである。（法57条1項2号、51条1項）

ウ適　切。人に暴行を加え、若しくは人を脅迫する行為により個人番号を取得した者には、3年以下の懲役又は150万円以下の罰金刑が科される（法51条1項）。さらに、当該規定は、刑法その他の罰則の適用を妨げないとされている。（同法同条2項）

エ適　切。施設への侵入行為により、個人番号を取得した者には、3年以下の懲役又は150万円以下の罰金刑が科される。（法51条1項）

解答　ア

問題138. 番号法51条の罰則規定に関する以下のアからエまでの記述のうち、最も<u>適切ではない</u>ものを1つ選びなさい。

ア. 法人の従業者が、その業務に関して、個人番号を管理する者を欺く行為により、個人番号を取得した場合、当該法人に対しても番号法51条の罰則が適用される。

イ. 人に暴行を加え、若しくは人を脅迫する行為により個人番号を取得した者には、番号法51条の罰則が適用され、さらに刑法の罰則の適用を受ける場合がある。

ウ. 施設への侵入行為により、個人番号を取得した者には、番号法51条の罰則が適用される。

エ. 不正アクセス行為の禁止等に関する法律(以下、本肢で「当該法律」とする)に規定される不正アクセス行為により、個人番号を取得した者には、番号法51条の罰則は適用されず、当該法律の罰則が適用される。

解説　罰則（法51条）

　本問は、番号法51条の罰則に関する理解を問うものである。

ア適　切。法人の従業者が、その業務に関して、人を欺く行為により個人番号を取得した場合は、当該従業者だけでなく、当該法人に対しても、法51条1項規定の罰金刑が科される（法57条1項2号、51条1項）。

イ適　切。人に暴行を加え、若しくは人を脅迫する行為により個人番号を取得した者には、3年以下の懲役又は150万円以下の罰金刑が科される（法51条1項）。さらに、当該規定は、刑法その他の罰則の適用を妨げないとされている（同法同条2項）。

ウ適　切。施設への侵入行為により、個人番号を取得した者には、3年以下の懲役又は150万円以下の罰金刑が科される（法51条1項）。

エ不適切。不正アクセス行為の禁止等に関する法律2条4項に規定される不正アクセス行為により、個人番号を取得した者には、3年以下の懲役又は150万円以下の罰金刑が科される（法51条1項）。不正アクセス行為の禁止等に関する法律に規定される罰則（不正アクセス行為の禁止等に関する法律11条以下）のみが適用されるわけではない。

解答　エ

問題139. 番号法57条の両罰規定に関する以下のアからエまでの記述のうち、最も<u>適切な</u>ものを１つ選びなさい。

ア．法人の代表者が、偽りその他不正の手段により個人番号カードの交付を受けた場合は、３年以下の懲役又は100万円以下の罰金に処され、かつ、当該法人も同様の罰金に処される。

イ．個人情報保護委員会による勧告に係る措置をとるべきとする命令に違反した者には、１年以下の懲役又は100万円以下の罰金刑が科され、当該行為者が従事する法人にも同様の罰金刑が科される。

ウ．機構保存本人確認情報の提供に関する事務に従事していた者が、正当な理由がないのに、その業務に関して取り扱った特定個人情報ファイル（その全部又は一部を複製し、又は加工した特定個人情報ファイルを含む。）を提供したときは、法人に対し200万円以下の罰金刑が科される。

エ．個人番号利用事務等に従事する者が、その業務に関して知り得た個人番号を第三者の不正な利益を図る目的で盗用したときは、その法人に対して１億円以下の罰金刑が科される。

解説　両罰規定

　本問は、番号法における両罰規定に関する理解を問うものである。

ア不適切。法人の代表者が、偽りその他不正の手段により個人番号カードの交付を受けた場合は、6月以下の懲役又は<u>50</u>万円以下の罰金に処され、かつ、当該法人も同様の罰金に処される。（法55条、57条1項2号）

イ不適切。個人情報保護委員会による勧告に係る措置をとるべきとする命令に違反した者には、<u>2</u>年以下の懲役又は<u>50</u>万円以下の罰金刑が科され（法53条、34条2項）、当該行為者が従事する法人に対しては、<u>1</u>億円以下の罰金刑が科される（法57条1項1号）。

ウ不適切。機構保存本人確認情報の提供に関する事務に従事する者又は従事していた者が、正当な理由がないのに、その業務に関して取り扱った個人の秘密に属する事項が記録された特定個人情報ファイル（その全部又は一部を複製し、又は加工した特定個人情報ファイルを含む。）を提供したときは、行為者は4年以下の懲役若しくは200万円以下の罰金に処され、又はこれが併科される（法48条、14条2項）。そして、当該行為者が従事する法人に対しては、<u>1</u>億円以下の罰金刑が科される（法57条1項1号）。

エ適　切。本記述のとおりである。（法57条1項1号、法48条、法49条）

解答　エ

問題140. 番号法57条の両罰規定に関する以下のアからエまでの記述のうち、最も<u>適切ではない</u>ものを1つ選びなさい。

ア．個人番号利用事務等に従事する者が、その業務に関して知り得た個人番号を第三者の不正な利益を図る目的で盗用したときは、当該行為者が従事する法人に対して1億円以下の罰金刑が科される。

イ．機構保存本人確認情報の提供に関する事務に従事していた者が、正当な理由がないのに、その業務に関して取り扱った特定個人情報ファイルを提供したときは、当該行為者が従事する法人に対して1億円以下の罰金刑が科される。

ウ．個人情報保護委員会による勧告に係る措置をとるべきとする命令に違反した者には、2年以下の懲役又は50万円以下の罰金刑が科され、当該行為者が従事する法人にも同様の罰金刑が科される。

エ．法人の代表者が、偽りその他不正の手段により個人番号カードの交付を受けた場合は、6月以下の懲役又は50万円以下の罰金に処され、かつ、当該法人にも同様の罰金刑が科される。

解説　両罰規定

　本問は、番号法における両罰規定に関する理解を問うものである。

ア適　切。個人番号利用事務等に従事する者が、その業務に関して知り得た個人番号を第三者の不正な利益を図る目的で盗用したときは、当該行為者が従事する法人に対して1億円以下の罰金刑が科される（法57条1項1号、48条、49条）。

イ適　切。機構保存本人確認情報の提供に関する事務に従事する者又は従事していた者が、正当な理由がないのに、その業務に関して取り扱った個人の秘密に属する事項が記録された特定個人情報ファイル（その全部又は一部を複製し、又は加工した特定個人情報ファイルを含む。）を提供したときは、行為者は4年以下の懲役若しくは200万円以下の罰金に処され、又はこれが併科され（法48条、14条2項）、当該行為者が従事する法人に対しては、1億円以下の罰金刑が科される（同法57条1項1号）。

ウ不適切。個人情報保護委員会による勧告に係る措置をとるべきとする命令に違反した者には、2年以下の懲役又は50万円以下の罰金刑が科され（法53条、34条2項）、当該行為者が従事する法人に対しては、1億円以下の罰金刑が科される（同法57条1項1号）。

エ適　切。法人の代表者が、偽りその他不正の手段により個人番号カードの交付を受けた場合は、6月以下の懲役又は50万円以下の罰金刑が科され、かつ、当該法人も同様の罰金刑が科される（法55条、57条1項1号）。

解答　ウ

問題141.「(別冊) 金融業務における特定個人情報の適正な取扱いに関するガイドライン」に関する以下のアからエまでの記述のうち、最も適切ではないものを1つ選びなさい。

ア. 個人番号関係事務を委託する場合において、委託元である金融機関は、あらかじめ、委託先において番号法に基づく安全管理措置が講じられるか否かを確認しなければならないが、当該委託先が講ずべき措置の程度は、当該金融機関が番号法に基づき自らが果たすべき内容と同程度に達している必要はない。

イ. 委託元である金融機関が委託先に講ずべき「必要かつ適切な監督」の具体的内容は、①委託先の適切な選定、②委託先に安全管理措置を遵守させるために必要な契約の締結、③委託先における特定個人情報の取扱状況の把握の3つである。

ウ. 金融機関が、個人番号関係事務について、委託先と委託契約を締結するに当たっては、特定個人情報を取り扱う従業者の明確化及び委託先に対して実地の調査を行うことができる規定等を盛り込むことが望ましいとされている。

エ. 委託契約の内容の一つとして、委託先における従業者に対する監督・教育について定める必要がある。この「従業者」とは、金融機関の組織内にあって直接間接に金融機関の指揮監督を受けて金融機関の業務に従事している者をいう。

解説　金融業務における特定個人情報の適正な取扱いに関するガイドライン

　本問は、「（別冊）金融業務における特定個人情報の適正な取扱いに関するガイドライン」に関する理解を問うものである。

ア不適切。個人番号利用事務等の全部又は一部の委託をする者は、当該委託に係る個人番号利用事務等において取り扱う特定個人情報の安全管理が図られるよう、当該委託を受けた者に対する必要かつ適切な監督を行わなければならない（法11条）。そして、、委託元である金融機関が委託先を選定するに当たっては、委託先において、番号法に基づき自らが果たすべき安全管理措置と同等の措置が講じられるか否かについて、あらかじめ確認しなければならない。

イ適　切。「必要かつ適切な監督」には、委託先の適切な選定、委託先に安全管理措置を遵守させるために必要な契約の締結及び委託先における特定個人情報の取扱状況の3つが含まれるとされている。

ウ適　切。本記述のとおりである。

エ適　切。委託契約の内容の一つとして、委託先における従業者に対する監督・教育について定める必要がある。この「従業者」とは、金融機関の組織内にあって直接間接に金融機関の指揮監督を受けて金融機関の業務に従事している者をいい、具体的には、従業員のほか、取締役、監査役、理事、監事、派遣社員等を含むとされている。

解答　ア

問題142.「（別冊）金融業務における特定個人情報の適正な取扱いに関するガイドライン」に関する以下のアからエまでの記述のうち、最も適切ではないものを1つ選びなさい。

ア．税務当局が番号法等及び租税法令に基づき納税者の個人番号を指定して資料の提出要求を行った場合、金融機関は、提出要求に対応する範囲で、個人番号に基づいて資料の検索を行うことができる。

イ．金融機関は、利用目的を「金融商品取引に関する支払調書作成事務」と特定して顧客から提供を受けた個人番号を、「預貯金口座への付番に関する事務」に利用することはできない。

ウ．国外送金等調書法の規定に従って個人番号が記載された告知書の提供を受けることは個人番号関係事務に該当するが、送金金額が国外送金等調書法の定める一定の金額以下になり、支払調書の提出が不要となる場合には、国外送金等調書法の規定に従って個人番号が記載された告知書の提供を受けることはできない。

エ．A銀行と子会社であるB証券会社が同一の顧客と取引しており、その顧客から非公開情報の授受について書面による同意を得ている場合、AB間で顧客の個人番号を提供することや共同利用することが可能である。

解説　金融業務における特定個人情報の適正な取扱いに関するガイドライン

本問は、「（別冊）金融業務における特定個人情報の適正な取扱いに関するガイドライン」に関する理解を問うものである。

ア適　切。税務当局が、番号法19条15号並びに番号法施行令26条及び別表8号の規定に従って、租税法令に基づき、納税者の個人番号を指定して資料の提出要求を行った場合、提出要求に対応する範囲で、個人番号に基づいて資料の検索を行うこと自体は法令に基づく適法な行為であると考えられている。

イ適　切。金融機関が、利用目的を「金融商品取引に関する支払調書作成事務」と特定して顧客から個人番号の提供を受けていた場合、個人番号の提供を受けた時点で利用目的として特定され

ていなかった「預貯金口座への付番に関する事務」のために
その個人番号を利用することはできない。なお、当該事務の
ためにその個人番号を利用するには、利用目的を明示し、改
めて個人番号の提供を受けるか、利用目的を変更して、変更
された利用目的を本人に通知し、又は公表する必要がある。

ウ適　切。国外送金等調書法（内国税の適正な課税の確保を図るための
国外送金等に係る調書の提出等に関する法律）では、送金金
額が同法の定める一定の金額以下の場合に支払調書の提出は
不要となっているが、個人番号が記載された告知書の提出に
ついては、送金金額による提出省略基準はない。国外送金等
調書法の規定に従って個人番号が記載された告知書の提供を
受けることは個人番号関係事務に該当する。よって、支払調
書の提出が不要となる場合であっても、番号法19条３号の規
定により、国外送金等調書法の規定に従って個人番号が記載
された告知書の提供を受けることができる。

エ不適切。同じ系列の会社間等での特定個人情報の移動であっても、別
の法人である以上、BはAに対して特定個人情報が移動する場
合は「提供」に当たり、提供制限規定に従うこととなる。A銀
行と子会社であるB証券会社が同一の顧客と取引しており、
その顧客から非公開情報の授受について書面による同意を得
ている場合であっても、AB間で顧客の個人番号を提供又は共
同利用してはならない。

解答　エ

問題143.「（別冊）金融業務における特定個人情報の適正な取扱いに関するガイドライン」に関する以下のアからエまでの記述のうち、最も<u>適切なもの</u>を１つ選びなさい。

ア．税務当局が番号法等及び租税法令に基づき納税者の個人番号を指定して資料の提出要求を行った場合、金融機関は、提出要求に対応する範囲であっても、個人番号に基づいて資料の検索を行うことはできない。

イ．甲銀行と子会社である乙証券会社が同一の顧客と取引しており、その顧客から非公開情報の授受について書面による同意を得ている場合であっても、甲乙間で顧客の個人番号を提供したり共同利用してはならない。

ウ．個人番号関係事務を実施するために必要な範囲で名寄せを行い、個人番号が一致することによって結果的に同一人物であることを認識することは、それ自体が利用制限規定に違反する。

エ．国外送金等調書法の規定に従って個人番号が記載された告知書の提供を受けることは個人番号関係事務に該当するが、送金金額が国外送金等調書法の定める一定の金額以下になり、支払調書の提出が不要となる場合には、国外送金等調書法の規定に従って個人番号が記載された告知書の提供を受けることはできない。

解説　金融業務における特定個人情報の適正な取扱いに関するガイドライン

　本問は、「（別冊）金融業務における特定個人情報の適正な取扱いに関するガイドライン」に関する理解を問うものである。

ア不適切。税務当局が、番号法19条15号並びに番号法施行令26条及び別表8号の規定に従って、租税法令に基づき、納税者の個人番号を指定して資料の提出要求を行った場合、提出要求に対応する範囲で、個人番号に基づいて資料の検索を行うこと自体は法令に基づく適法な行為と解される。

イ適　切。同じ系列の会社間等での特定個人情報の移動であっても、別の法人である以上、乙は甲に対して特定個人情報が移動する場合は「提供」に当たり、提供制限規定に従うこととなる。甲銀行と子会社である乙証券会社が同一の顧客と取引しており、その顧客から非公開情報の授受について書面による同意を得ている場合であっても、甲乙間で顧客の個人番号を提供又は共同利用してはならない。

ウ不適切。個人番号関係事務を実施するために必要な範囲で名寄せを行うことはでき、個人番号が一致することによって結果的に同一人物であることを認識すること自体は利用制限規定には違反しない。
　　　　なお、個人番号関係事務以外の事務で事業者独自に顧客情報（商品購入履歴、資産情報等）を検索・管理するために個人番号を利用することはできない。

エ不適切。国外送金等調書法（内国税の適正な課税の確保を図るための国外送金等に係る調書の提出等に関する法律）では、送金金額が同法の定める一定の金額以下の場合に支払調書の提出は不要となっているが、個人番号が記載された告知書の提出については、送金金額による提出省略基準はない。国外送金等調書法の規定に従って個人番号が記載された告知書の提供を受けることは個人番号関係事務に該当する。よって、支払調書の提出が不要となる場合であっても、番号法19条3号の規定により、国外送金等調書法の規定に従って個人番号が記載された告知書の提供を受けることができる。

解答　イ

問題144.「(別冊)金融業務における特定個人情報の適正な取扱いに関するガイドライン」に関する以下のアからエまでの記述のうち、最も<u>適切</u><u>ではない</u>ものを 1 つ選びなさい。

ア．特定口座開設届出書について、租税特別措置法施行規則で規定された期間を経過した場合には、当該特定口座開設届出書に記載された個人番号を保管しておく必要はなく、原則として、個人番号が記載された特定口座開設届出書をできるだけ速やかに廃棄しなければならない。

イ．個人番号が記載された特定口座開設届出書等の書類については、保存期間経過後における廃棄を前提とした保管体制をとることが望ましい。

ウ．金融機関には、特定個人情報保護評価の実施は義務付けられていない。

エ．保険会社は、前の保険契約を締結した際に支払調書作成事務のために提供を受けた個人番号を、後の保険契約に基づく支払調書作成事務のために利用することはできないことから、保険会社が既に顧客から個人番号の提供を受け、適法に保管している場合であっても、保険契約の都度個人番号の提供を求める必要がある。

解説 金融業務における特定個人情報の適正な取扱いに関するガイドライン

　本問は、「（別冊）金融業務における特定個人情報の適正な取扱いに関するガイドライン」に関する理解を問うものである。

ア適　切。本記述のとおりである。

イ適　切。本記述のとおりである。

ウ適　切。金融機関は、特定個人情報保護評価の実施が義務付けられていないが、任意に特定個人情報保護評価の手法を活用することは、特定個人情報の保護の観点から有益であるとされている。

エ不適切。保険会社が、前の保険契約を締結した際に支払調書作成事務のために提供を受けた個人番号は、後の保険契約に基づく支払調書作成事務のために利用することができる。よって、保険会社が既に顧客から個人番号の提供を受け、適法に保管している場合、保険契約の都度個人番号の提供を求める必要はない。

解答　エ

問題145.「（別冊）金融業務における特定個人情報の適正な取扱いに関するガイドライン」に関する以下のアからエまでの記述のうち、最も<u>適切ではない</u>ものを１つ選びなさい。

ア．金融機関は、特定個人情報を保存するシステムにおいては、保存期間経過後における廃棄又は削除を前提としたシステムを構築することが望ましい。

イ．金融機関は、支払調書作成事務のために提供を受けた特定個人情報を電磁的記録として保存している場合においても、その事務に用いる必要がなく、所管法令で定められている保存期間を経過した場合には、原則として、個人番号をできるだけ速やかに廃棄又は削除しなければならない。

ウ．金融機関は、法令で定められた支払調書作成事務等を処理する場合を除き、顧客の個人番号を保管することはできない。

エ．金融機関には、特定個人情報保護評価の実施が義務付けられている。

<hr>

|解説　金融業務における特定個人情報の適正な取扱いに関するガイドライン|

　本問は、「（別冊）金融業務における特定個人情報の適正な取扱いに関するガイドライン」に関する理解を問うものである。

ア適　切。本記述のとおりである。

イ適　切。本記述のとおりである。

ウ適　切。本記述のとおりである。

エ不適切。金融機関は、特定個人情報保護評価の実施は<u>義務付けられていない</u>が、任意に特定個人情報保護評価の手法を活用することは、特定個人情報の保護の観点から有益である。

|解答　エ|

問題146.「(別冊)金融業務における特定個人情報の適正な取扱いに関するガイドライン」に関する以下のアからエまでの記述のうち、最も<u>適切</u><u>な</u>ものを1つ選びなさい。

ア．個人番号関係事務が金融機関甲から乙、丙と順次委託される場合において、甲は、乙に対する再委託の適否について監督する義務を負うが、乙が丙に対して必要かつ適切な監督を行っているかどうかを監督する義務までは負わない。

イ．金融機関が個人番号関係事務の委託先と委託契約を締結するに当たっては、特定個人情報を取り扱う従業者の明確化、委託元が委託先に対して実地の調査を行うことができる規定等を盛り込むことが望ましいとされている。

ウ．委託元である金融機関が講ずべき「必要かつ適切な監督」の具体的内容は、委託先に安全管理措置を遵守させるために必要な契約の締結及び委託先における特定個人情報の取扱状況の把握の2点である。

エ．委託元である金融機関による委託先に対する確認事項として、委託先の従業者に対する監督・教育の状況等があるが、この「従業者」とは、金融機関の組織内にあって直接間接に金融機関の指揮監督を受けて金融機関の業務に従事している者をいうことから、経営機関にあたる取締役や監査役は含まれない。

| 解説 | 金融業務における特定個人情報の適正な取扱いに関するガイドライン |

本問は、「(別冊)金融業務における特定個人情報の適正な取扱いに関するガイドライン」に関する理解を問うものである。

ア不適切。個人番号利用事務等の全部又は一部の委託をする者は、当該委託に係る個人番号利用事務等において取り扱う特定個人情報の安全管理が図られるよう、当該委託を受けた者に対する必要かつ適切な監督を行わなければならない(法11条)。この「委託を受けた者」は、委託元が直接委託する事業者を指すものの、個人番号関係事務が金融機関甲から乙、丙と順次委託される場合における甲の乙に対する監督義務の内容には、乙の丙に対す

る再委託の適否だけではなく、乙が丙に対して必要かつ適切な監督を行っているかどうか監督することも含まれるとされている。よって、<u>再委託先である丙に対しても間接的に監督義務を負うこととなる</u>。

イ 適　切。委託契約の締結については、契約内容として、秘密保持義務、事業所内からの特定個人情報の持出しの禁止、特定個人情報の目的外利用の禁止、再委託における条件、漏えい事案等が発生した場合の委託先の責任、委託契約終了後の特定個人情報の返却又は廃棄、従業者に対する監督・教育、契約内容の遵守状況について報告を求める規定等を盛り込まなければならない。また、これらの契約内容のほか、特定個人情報を取り扱う従業者の明確化、委託元が委託先に対して実地の調査を行うことができる規定等を盛り込むことが望ましいとされている。（法11条）

ウ 不適切。委託元である金融機関が講ずべき「必要かつ適切な監督」には、<u>①委託先の適切な選定</u>、②委託先に安全管理措置を遵守させるために必要な契約の締結及び③委託先における特定個人情報の取扱状況の把握が含まれるとされている。（法11条）

エ 不適切。委託先の選定について、委託元である金融機関は、委託先において、番号法に基づき委託元自らが果たすべき安全管理措置と同等の措置が講じられるか否かについて、あらかじめ確認をしなければならない。具体的な確認事項としては、委託先の設備、技術水準、従業者に対する監督・教育の状況、その他 委託先の経営環境等が挙げられる。「従業者」とは、金融機関の組織内にあって直接間接に金融機関の指揮監督を受けて金融機関の業務に従事している者をいい、従業員のほか、<u>取締役、監査役、理事、監事、派遣社員等を含む</u>とされている。（法11条）

解答　イ

問題147.「特定個人情報の適正な取扱いに関するガイドライン（行政機関等編）」に関する以下のアからエまでの記述のうち、最も適切ではないものを1つ選びなさい。

ア. 情報提供等の記録に記録された特定個人情報については、利用目的以外の目的のために利用することを認める個人情報保護法69条2項の規定を全て適用除外としているため、行政機関の長は、当該特定個人情報を利用目的以外の目的のために利用することができる。

イ. 情報提供ネットワークシステムを通じて提供される特定個人情報ではない情報提供の求め又は提供の事実が不開示情報に該当するか否かについては、情報照会者及び情報提供者であるそれぞれの行政機関の長等において判断することとなる。

ウ. 行政機関等及び地方公共団体等から個人番号利用事務の委託を受けた者は、情報提供ネットワークシステムに接続された端末を操作して情報照会等を行うことはできない。

エ. 児童扶養手当の支給を受けるためには所得証明書を提出しなければならないが、情報提供ネットワークシステムを通じて所得情報の提供が行われる場合は、申請者は所得証明書の提出義務を免除される。

解説　特定個人情報の適正な取扱いに関するガイドライン（行政機関等編）

　　本問は、特定個人情報の適正な取扱いに関するガイドライン（行政機関等編）に関する理解を問うものである。

ア不適切。情報提供等の記録に記録された特定個人情報については、番号法において、個人情報保護法における利用目的以外の目的のために利用することを認める規定を全て適用除外としている（法23条1項・2項、法19条8号、法31条1項・2項によって読み替えられる個人情報保護法69条1項及び適用除外とされる同条2項～4項、法31条3項により読み替えて準用される個人情報保護法69条1項）。よって、行政機関の長は、情報提供等の記録に記録された特定個人情報について利用目的以外の目的のために利用することはできない。

イ適　切。提供される特定個人情報ではない情報提供の求め又は提供の事実が不開示情報に該当するか否かについては、情報照会者及び情報提供者又は条例事務関係情報照会者及び条例事務関係情報提供者であるそれぞれの行政機関の長等において判断することとなる。

ウ適　切。情報提供ネットワークシステムを使用することができるのは、行政機関の長等に限られる。従って、行政機関等及び地方公共団体等から個人番号利用事務の委託を受けた者（法令の規定により、同法別表第2の第2欄に掲げる事務の全部又は一部を行うこととされている者及び同表の第4欄に掲げる特定個人情報の利用又は提供に関する事務の全部又は一部を行うこととされている者を除く。）は、情報提供ネットワークシステムに接続された端末を操作して情報照会等を行うことはできない。

エ適　切。「情報ネットワークシステムを通じて特定個人情報の提供があった場合において、番号法以外の法令の規定により当該特定個人情報と同一の内容の情報を含む書面の提出が義務付けられているときは、当該書面の提出があったものとみなされる（法22条、19条8号）。よって、児童扶養手当の支給を受けるためには、原則として所得証明書を提出しなければならない（児童扶養手当法施行規則1条7号）ものの、情報提供ネットワークシステムを通じて所得情報の提供が行われる場合は、申請者の所得証明書の提出義務は免除される。

解答　ア

問題148.「特定個人情報の適正な取扱いに関するガイドライン（行政機関等編）」に関する以下のアからエまでの記述のうち、最も<u>適切ではないもの</u>を 1 つ選びなさい。

ア.「特定個人情報の適正な取扱いに関するガイドライン（行政機関等・地方公共団体等編）」では、特定個人情報が、甲市の市長部局にある市民課から甲市教育委員会に移転する場合は、「提供」に当たらないとされている。

イ.「特定個人情報の適正な取扱いに関するガイドライン（行政機関等・地方公共団体等編）」では、特定個人情報が、甲市の市長部局にある税務課から同じ市長部局にある福祉課に移転する場合は、「提供」に当たらないとされている。

ウ. 行政機関等及び地方公共団体等は、給与の源泉徴収事務を処理する目的で、給与受給者である職員に対し、個人番号の提供を求めることとなるが、職員の人事評価等を管理する目的で、個人番号の提供を求めてはならない。

エ. 個人番号利用事務等の委託を受けた者が、番号法第10条の規定に違反して、最初に当該個人番号利用事務等の委託をした者である行政機関等又は地方公共団体等の許諾を得ずにその事務を再委託した場合、当該再委託に伴う特定個人情報の提供は同法第19条第 6 号の提供に該当しないため、提供制限にも違反することとなる。

| 解説　特定個人情報の適正な取扱いに関するガイドライン（行政機関等編）|

　本問は、特定個人情報の適正な取扱いに関するガイドライン（行政機関等編）に関する理解を問うものである。

ア不適切。甲市の市長部局にある市民課から甲市教育委員会に特定個人情報が移転する場合は、同一地方公共団体内の異なる機関に特定個人情報が移動することから、「提供」に当たるとされている。なお、この場合、法19条8号に基づく情報連携によらず甲市教育委員会が特定個人情報の提供を受けるためには、同条11号に基づき、甲市教育委員会に対し特定個人情報を提供する旨の条例が定められる必要がある。

イ適　切。甲市の市長部局にある税務課から同じ市長部局にある福祉課に特定個人情報が移転する場合は、同じ甲市市長部局内であるから、「提供」には当たらず、「利用」となるとされている。

ウ適　切。行政機関等及び地方公共団体等は、給与の源泉徴収事務を処理する目的で、給与受給者である職員に対し、個人番号の提供を求めることとなるが、職員の人事評価等を管理する目的で、個人番号の提供を求めてはならない。

エ適　切。個人番号利用事務等の委託を受けた者が、番号法第10条の規定に違反して、最初に当該個人番号利用事務等の委託をした者である行政機関等又は地方公共団体等の許諾を得ずにその事務を再委託した場合、当該再委託に伴う特定個人情報の提供は同法第19条第6号の提供に該当しないため、提供制限にも違反することとなる。

| 解答　ア|

問題149.「特定個人情報の適正な取扱いに関するガイドライン（行政機関等編）」に関する以下のアからエまでの記述のうち、最も適切なものを1つ選びなさい。

なお、本問における「行政機関」には会計監査員は含まないものとする。

ア．行政機関の職員の給与に関する事項を記録する特定個人情報ファイルを行政機関が保有しようとする場合においては、行政機関の長は、その旨を個人情報保護委員会に事前に通知する必要はないが、全項目評価書を委員会に提出し、当該特定個人情報ファイルの取扱いについて個人情報保護委員会の承認を受けなければならない。

イ．行政機関が特定個人情報ファイルを保有するに際し、当該行政機関の長等が、全項目評価書を個人情報保護委員会に提出し、特定個人情報ファイルの取扱いについて個人情報保護委員会の承認を受け、当該評価書を公表した場合においては、当該特定個人情報ファイルについて、個人情報保護委員会に対し、個人情報保護法に規定された事項の通知がなされたものとみなされる。

ウ．個人情報保護法に規定された事項を通知した特定個人情報ファイルについて、記録される項目及び本人として特定個人情報ファイルに記録される個人の範囲を変更する場合は、行政機関の長は、その旨を個人情報保護委員会に事前に通知する必要はない。

エ．行政機関が、個人情報保護法に規定された事項を通知して保有する特定個人情報ファイルについて、当該特定個人情報ファイルにおける本人の数が1,000人未満に至った場合は、当該行政機関の長等は、その旨を個人情報保護委員会に事前に通知する必要はない。

解説　特定個人情報の適正な取扱いに関するガイドライン（行政機関等編）

本問は、特定個人情報の適正な取扱いに関するガイドライン（行政機関等編）に関する理解を問うものである。

ア不適切。行政機関の職員の給与に関する事項を記録する特定個人情報ファイルを行政機関が保有しようとする場合においては、行政機関の長は、その旨を委員会に事前に通知する必要はない（個人情報保護法74条2項3号）。そして、当該特定個人情報

ファイルについては、その保有の前に、個人情報保護委員会規則で定めるところにより、全項目評価書を委員会に提出し、当該特定個人情報ファイルの取扱いについて委員会の<u>承認を受けなくても良い</u>（法28条1項かっこ書き、同条2項）。

イ適　切。行政機関が特定個人情報ファイルを保有するに際し、当該行政機関の長等が、全項目評価書を委員会に提出し、特定個人情報ファイルの取扱いについて委員会の承認を受け、当該評価書を公表した場合においては、委員会に対し、個人情報保護法に規定された事項の通知がなされたものとみなされる（法28条5項・4項・2項・1項、個人情報保護法74条1項前段）。

ウ不適切。行政機関（会計検査院を除く。以下この条において同じ。）が特定個人情報ファイルを保有しようとするときは、当該行政機関の長は、あらかじめ、個人情報保護委員会に対し、個人情報保護法74条1項各号に掲げる事項を通知しなければならない。そして、当該事項を変更しようとするときも、同様に個人情報保護委員会に対し、事前通知をしなければならない（個人情報保護法74条1項）。そして、特定個人情報ファイルに記録される項目及び本人（他の個人の氏名、生年月日その他の記述等によらないで検索し得る者に限る。）として個人情報ファイルに記録される個人の範囲は、個人情報保護法74条1項4号に該当する通知事項であるから、当該事項を変更する場合は、行政機関の長は、その旨を委員会に<u>事前に通知しなければならない</u>。

エ不適切。行政機関の長は、個人情報保護法に規定された事項を通知して保有する個人情報ファイルである特定個人情報ファイルについて、その特定個人情報ファイルにおける本人の数が千人に満たなくなった場合は、遅滞なく、個人情報保護委員会に対しその旨を<u>通知しなければならない</u>（個人情報保護法74条3項、同条1項）。

解答　イ

問題150. 「特定個人情報の適正な取扱いに関するガイドライン（行政機関等・地方公共団体等編）」に関する以下のアからエまでの記述のうち、最も適切ではないものを1つ選びなさい。
なお、本問における「行政機関」には会計監査員は含まないものとし、「委員会」とは個人情報保護委員会をいうものとする。

ア．個人情報保護法に規定された事項を通知した特定個人情報ファイルについて、記録される項目及び本人として特定個人情報ファイルに記録される個人の範囲を変更する場合は、行政機関の長は、あらかじめ、個人情報保護委員会に対し、個人情報保護法74条1項各号に掲げる事項を通知しなければならない。

イ．行政機関が、特定個人情報ファイルを保有するに際し、当該行政機関の長等が、全項目評価書を委員会に提出し、特定個人情報ファイルの取扱いについて個人情報保護委員会の承認を受け、当該評価書を公表した場合においては、当該特定個人情報ファイルについて、個人情報保護委員会に対し、個人情報保護法に規定された事項の通知がなされたものとみなされる。

ウ．行政機関が、個人情報保護法に規定された事項を通知して保有する特定個人情報ファイルについて、当該特定個人情報ファイルにおける本人の数が1,000人に満たなくなった場合であっても、当該行政機関の長等は、その旨を個人情報保護委員会に事前に通知する必要はない。

エ．行政機関の職員の給与に関する事項を記録する特定個人情報ファイルを行政機関が保有しようとする場合においては、行政機関の長は、その旨を個人情報保護委員会に事前に通知する必要はない。

解説　特定個人情報の適正な取扱いに関するガイドライン（行政機関等編）

　本問は、特定個人情報の適正な取扱いに関するガイドライン（行政機関等編）に関する理解を問うものである。

ア適　切。本記述のとおりである。

イ適　切。本記述のとおりである。（法28条5項・4項・2項・1項、個人応報保護法74条1項前段）

ウ不適切。行政機関の長は、個人情報保護法に規定された事項を通知して保有する個人情報ファイルである特定個人情報ファイルについて、その特定個人情報ファイルにおける本人の数が1,000人に満たなくなった場合は、遅滞なく、個人情報保護委員会に対しその旨を通知しなければならない。

エ適　切。本記述のとおりである。（法28条1項かっこ書き、同条2項）。

解答　ウ

問題151.「特定個人情報の適正な取扱いに関するガイドライン（行政機関等
　　　　編）」に関する以下のアからエまでの記述のうち、最も<u>適切ではな</u>
　　　　<u>い</u>ものを1つ選びなさい。
　　　　なお、本問における「行政機関」には会計監査員は含まないもの
　　　　とする。

　ア．行政機関の長等は、利用停止請求に係る保有特定個人情報の利用停
　　　止をするときは、その旨の決定を、利用停止請求があった日から30
　　　日以内にしなければならない。

　イ．行政機関の長等が、違法又は不当な行為を助長し、又は誘発するお
　　　それがある方法により特定個人情報を利用していると思料される場
　　　合、本人は、当該保有特定個人情報の利用の停止を請求できる。

　ウ．情報提供ネットワークシステムを利用した特定個人情報の提供等の
　　　記録について、当該特定個人情報に係る本人は、利用停止の請求を
　　　することができる。

　エ．利用停止請求は、保有特定個人情報の開示を受けた日から90日以内
　　　にしなければならない。

　　本問は、「特定個人情報の適正な取扱いに関するガイドライン（行政機関等編）」に関する理解を問うものである。

ア適　切。本記述のとおりである。（法30条1項、個人情報保護法102条1項）

イ適　切。本記述のとおりである。（法30条1項、個人情報保護法98条1項1号、同法63条）

ウ不適切。特定個人情報の提供等の記録については、情報提供ネットワークシステムにおいて自動保存されるものであり、目的外利用及び提供の規定に違反した事態が想定されないこと等から、利用停止の請求をすることができない。（法31条1項・2項、同法23条）

エ適　切。本記述のとおりである。（法30条1項、個人情報保護法98条3項）

解答　ウ

問題152.「特定個人情報の適正な取扱いに関するガイドライン（行政機関等編）」の（別添２）特定個人情報の漏えい等に関する報告等（行政機関等編）に関する以下のアからエまでの記述のうち、最も<u>適切</u>な<u>もの</u>を１つ選びなさい。

ア．特定個人情報の開示請求を受けた行政機関の長等が、本来は非開示とすべき第三者の特定個人情報を誤って開示した場合は、特定個人情報の「漏えい」には該当しない。

イ．行政機関が保有する特定個人情報ファイルから出力された氏名等が記録された帳票等が誤って廃棄された場合において、当該帳票等が適切に廃棄されていなかった場合は、特定個人情報の「漏えい」に該当する場合がある。

ウ．特定個人情報が記載又は記録された書類・媒体等を当該行政機関等及び地方公共団体等の内部で紛失した場合は、その内容と同じデータが他に保管されているとしても、特定個人情報の「滅失」に該当する。

エ．行政機関等が保有する特定個人情報が、ランサムウェア等により暗号化されて復元できなくなり、それと同時に当該特定個人情報が窃取された場合は、特定個人情報の「滅失」に該当する。

| 解説　特定個人情報の適正な取扱いに関するガイドライン（行政機関等編） |

　　本問は、特定個人情報の適正な取扱いに関するガイドライン（行政機関等編）の（別添 2 ）特定個人情報の漏えい等に関する報告等（行政機関等編）に関する理解を問うものである。

ア不適切。特定個人情報の開示請求を受けた行政機関の長等が、本来は非開示とすべき第三者の特定個人情報を誤って開示した場合は、特定個人情報の「漏えい」に該当する（法29条の 4 、個人情報保護法76条～参照）。

イ適　切。行政機関が保有する特定個人情報ファイルから出力された氏名等が記録された帳票等が誤って廃棄された場合は、特定個人情報の滅失に該当する（法29条の 4 参照）。そして、当該帳簿が適切に廃棄されていない場合には、特定個人情報の漏えいに該当する場合がある。

ウ不適切。特定個人情報が記載又は記録された書類・媒体等を当該行政機関等及び地方公共団体等の内部で紛失した場合は、特定個人情報の「滅失」に該当する（法29条の 4 参照）が、当該滅失に係る特定個人情報の内容と同じデータが他に保管されている場合は、「滅失」に該当しない。

エ不適切。ランサムウェア等により特定個人情報が暗号化され、復元できなくなった場合は、特定個人情報の「毀損」に当たる（法29条の 4 参照）。そして、これと同時に当該特定個人情報が窃取された場合には、特定個人情報の「漏えい」にも該当する。

解答　イ

問題153.「特定個人情報の適正な取扱いに関するガイドライン（行政機関等
編）」の「（別添２）特定個人情報の漏えい等に関する報告等（行政
機関等編）」に関する以下のアからエまでの記述のうち、最も適切で
はないものを１つ選びなさい。

ア．行政機関等が保有する特定個人情報が、ランサムウェア等により
暗号化されて復元できなくなり、それと同時に当該特定個人情報
が窃取された場合は、特定個人情報の「毀損」及び「漏えい」に該
当する。

イ．行政機関が保有する特定個人情報ファイルから出力された氏名等が
記録された帳票等が誤って廃棄された場合において、当該帳票等が適
切に廃棄されていなかった場合は、特定個人情報の「漏えい」に該当
する場合がある。

ウ．特定個人情報の開示請求を受けた行政機関の長等が、本来は非開示
とすべき第三者の特定個人情報を誤って開示した場合は、特定個人
情報の「漏えい」に該当する。

エ．特定個人情報が記載又は記録された書類・媒体等を当該行政機関等
及び地方公共団体等の内部で紛失した場合は、その内容と同じデー
タが他に保管されているとしても、特定個人情報の「漏えい」に該
当する。

| 解説 | 特定個人情報の適正な取扱いに関するガイドライン（行政機関等編） |

　本問は、特定個人情報の適正な取扱いに関するガイドライン（行政機関等編）の（別添2）特定個人情報の漏えい等に関する報告等（行政機関等編）に関する理解を問うものである。

ア適　切。ランサムウェア等により特定個人情報が暗号化され、復元できなくなった場合は、特定個人情報の「毀損」に当たる。そして、これと同時に当該特定個人情報が窃取された場合には、特定個人情報の「漏えい」にも該当する。

イ適　切。行政機関が保有する特定個人情報ファイルから出力された氏名等が記録された帳票等が誤って廃棄された場合は、特定個人情報の滅失に該当する。そして、当該帳簿が適切に廃棄されていない場合には、特定個人情報の漏えいに該当する場合がある。

ウ適　切。本記述のとおりである。

エ不適切。特定個人情報の「漏えい」とは、特定個人情報が<u>外部</u>に流出することをいい、内部で紛失した場合は、特定個人情報の<u>「滅失」に該当する</u>。また、当該滅失に係る特定個人情報の内容と同じデータが他に保管されている場合は、「滅失」に該当しない。

| 解答　エ |

問題154.「特定個人情報の適正な取扱いに関するガイドライン（行政機関等編）」の（別添2）特定個人情報の漏えい等に関する報告等（行政機関等編）に関する以下のアからエまでの記述のうち、最も適切なものを1つ選びなさい。

ア．報告対象事態に該当しない漏えい等事案についても、特定個人情報を取り扱う行政機関等及び地方公共団体等は、当該事態が生じた旨を個人情報保護委員会に報告しなければならない。当該漏えい等に係る特定個人情報について、高度な暗号化等の秘匿化がされている場合についても同様である。

イ．一定の特定個人情報の漏えい等が発生し、又は発生したおそれがある事態は、「報告対象事態」に該当する。この「発生したおそれ」とは、その発生時点で判明している事実関係からして、漏えい等が疑われるものの漏えい等が生じた確証がない場合のことをいう。

ウ．独立行政法人等及び地方独立行政法人から個人番号関係事務の全部又は一部の委託を受けた者が当該個人番号関係事務を処理するために使用する情報システムにおいて管理される特定個人情報の漏えい等が発生し、又は発生したおそれがある事態は、「報告対象事態」には該当しない。

エ．同一の受託者に対し、行政機関Aが特定個人情報Aの取扱いを、行政機関Bが特定個人情報Bの取扱いを委託している場合において、特定個人情報Bについてのみ報告対象事態が発生した場合であっても、行政機関B及び受託者に加え、行政機関Aも個人情報保護委員会への報告義務を負う。

解説　特定個人情報の適正な取扱いに関するガイドライン（行政機関等編）

本問は、特定個人情報の適正な取扱いに関するガイドライン（行政機関等編）の（別添2）特定個人情報の漏えい等に関する報告等（行政機関等編）に関する理解を問うものである。

ア不適切。報告対象事態に該当しない漏えい等事案であっても、特定個人情報を取り扱う行政機関等及び地方公共団体等は、当該事態が生じた旨を委員会に報告しなければならない。もっとも、当該漏えい等に係る特定個人情報について、高度な暗号化等

の秘匿化がされている場合等、「高度な暗号化その他の個人の権利利益を保護するために必要な措置」が講じられている場合については、委員会への報告を要しない。

イ適　切。法29条の4　1項及び2項に基づく特定個人情報の漏えい等に関する報告等に関する規則2条に掲げる特定個人情報の漏えい等が発生し、又は発生したおそれがある事態は「報告対象事態」に該当する（法29条の4　1項本文、法29条の4　1項及び2項に基づく特定個人情報の漏えい等に関する報告等に関する規則（以下「規則」という。）2条参照）。この「発生したおそれ」とは、その発生時点で判明している事実関係からして、漏えい等が疑われるものの漏えい等が生じた確証がない場合のことをいう。

ウ不適切。行政機関、地方公共団体、独立行政法人等及び地方独立行政法人から個人番号関係事務の全部又は一部の委託を受けた者が当該個人番号関係事務を処理するために使用する情報システムにおいて管理される特定個人情報の漏えい等が発生し、又は発生したおそれがある事態は、「報告対象事態」に該当する（法29条の4　1項本文、規則2条1号ハ）。

エ不適切。漏えい等報告の義務を負う主体は、規則2条の事態に該当する特定個人情報を取り扱う個人番号利用事務等実施者である。特定個人情報の取扱いを委託している場合においては、委託元である行政機関等又は地方公共団体等と委託先の双方が特定個人情報を取り扱っていることになるため、それぞれが報告の対象事態に該当する場合には、原則、委託元と委託先の双方が報告する義務を負う。そして、同一の受託者に対し、行政機関Aが特定個人情報Aの取扱いを、行政機関Bが特定個人情報Bの取扱いを委託している場合において、特定個人情報Bについてのみ報告対象事態が発生した場合は、当該特定個人情報を取り扱っている行政機関B及び受託者のみが報告義務を負い、行政機関Aは個人情報保護委員会への報告義務を負わない。

解答　イ

問題155.「特定個人情報の適正な取扱いに関するガイドライン（行政機関等編）」の「（別添2）特定個人情報の漏えい等に関する報告等（行政機関等編）」に関する以下のアからエまでの記述のうち、最も<u>適切ではないもの</u>を1つ選びなさい。

ア．独立行政法人等及び地方独立行政法人から個人番号関係事務の全部又は一部の委託を受けた者が当該個人番号関係事務を処理するために使用する情報システムにおいて管理される特定個人情報の漏えい等が発生し、又は発生したおそれがある事態は、個人情報保護委員会への「報告対象事態」に該当する。

イ．一定の特定個人情報の漏えい等が発生し、又は発生したおそれがある事態は個人情報保護委員会への「報告対象事態」に該当するが、この「発生したおそれ」とは、その発生時点で判明している事実関係からして、漏えい等が疑われるものの漏えい等が生じた確証がない場合のことをいう。

ウ．報告対象事態に該当しない漏えい等事案についても、特定個人情報を取り扱う行政機関等及び地方公共団体等は、当該事態が生じた旨を個人情報保護委員会に報告しなければならないが、当該漏えい等に係る特定個人情報について、高度な暗号化等の秘匿化がされている場合については、個人情報保護委員会への報告を要しない。

エ．同一の受託者に対し、行政機関Aが特定個人情報Aの取扱いを、行政機関Bが特定個人情報Bの取扱いを委託している場合において、特定個人情報Bについてのみ報告対象事態が発生した場合は、行政機関B及び受託者のみならず、行政機関Aも個人情報保護委員会に報告しなければならない。

解説　特定個人情報の適正な取扱いに関するガイドライン（行政機関等編）

本問は、特定個人情報の適正な取扱いに関するガイドライン（行政機関等編）の（別添2）特定個人情報の漏えい等に関する報告等（行政機関等編）に関する理解を問うものである。

ア適　切。行政機関、地方公共団体、独立行政法人等及び地方独立行政法人から個人番号関係事務の全部又は一部の委託を受けた者が当該個人番号関係事務を処理するために使用する情報シス

　　　　テムにおいて管理される特定個人情報の漏えい等が発生し、又は発生したおそれがある事態は、個人情報保護委員会への「報告対象事態」に該当する（法29条の4　1項本文、法29条の4　1項及び2項に基づく特定個人情報の漏えい等に関する報告等に関する規則2条1号ハ）。

イ適　切。法29条の4　1項及び2項に基づく特定個人情報の漏えい等に関する報告等に関する規則2条に掲げる特定個人情報の漏えい等が発生し、又は発生したおそれがある事態は個人情報保護委員会への「報告対象事態」に該当する（法29条の4　1項本文、法29条の4　1項及び2項に基づく特定個人情報の漏えい等に関する報告等に関する規則2条参照）。この「発生したおそれ」とは、その発生時点で判明している事実関係からして、漏えい等が疑われるものの漏えい等が生じた確証がない場合のことをいう。

ウ適　切。報告対象事態に該当しない漏えい等案案であっても、特定個人情報を取り扱う行政機関等及び地方公共団体等は、当該事態が生じた旨を個人情報保護委員会に報告しなければならない。もっとも、当該漏えい等に係る特定個人情報について、高度な暗号化等の秘匿化がされている場合等、「高度な暗号化その他の個人の権利利益を保護するために必要な措置」が講じられている場合については、個人情報保護委員会への報告を要しない。

エ不適切。漏えい等報告の義務を負う主体は、規則2の事態に該当する特定個人情報を取り扱う個人番号利用事務等実施者である。特定個人情報の取扱いを委託している場合においては、委託元である行政機関等又は地方公共団体等と委託先の双方が特定個人情報を取り扱っていることになるため、それぞれが報告の対象事態に該当する場合には、原則、委託元と委託先の双方が報告する義務を負う。そして、同一の受託者に対し、行政機関Aが特定個人情報Aの取扱いを、行政機関Bが特定個人情報Bの取扱いを委託している場合において、特定個人情報Bについてのみ報告対象事態が発生した場合は、当該特定個人情報を取り扱っている行政機関B及び受託者のみが報告義務を負い、行政機関Aは報告義務を負わない。

解答　エ

問題156.「特定個人情報の適正な取扱いに関するガイドライン（行政機関等編）」の（別添2）特定個人情報の漏えい等に関する報告等（行政機関等編）には、法第29条の4第1項関係における個人情報保護委員会への「報告を要する事例」が明記されている。この事例として最も<u>適切ではない</u>ものを、以下のアからエまでのうち1つ選びなさい。

ア．特定個人情報が記載又は記録された書類・媒体等が盗難された場合

イ．システムの設定ミス等によりインターネット上で特定個人情報の閲覧が可能な状態となっている場合

ウ．マイナンバー部分にマスキング処理することを失念して、特定個人情報を取り扱わない委託事業者等に提供した特定個人情報に係る本人の数が50人を超える場合

エ．第三者に誤送付・誤送信した特定個人情報に係る本人の数が100人を超える場合

解説　特定個人情報の適正な取扱いに関するガイドライン（行政機関等編）

　　本問は、特定個人情報の適正な取扱いに関するガイドライン（行政機関等編）の（別添2）特定個人情報の漏えい等に関する報告等（行政機関等編）に明記されている「報告を要する事例」の理解を問うものである。

ア適　切。本記述のとおりである。

イ適　切。本記述のとおりである。

ウ不適切。マイナンバー部分にマスキング処理することを失念して、特定個人情報を取り扱わない委託事業者等に提供した特定個人情報に係る本人の数は、<u>100</u>人を超える場合である。

エ適　切。本記述のとおりである。

解答　ウ

問題157. 個人番号の独自利用事務制度に関する以下のアからエまでの記述のうち、最も<u>適切な</u>ものを1つ選びなさい。

ア. 独自利用事務が一定の要件を満たす場合においては、番号法19条9号の規定に基づき特定個人情報の提供を求める地方公共団体の長その他の執行機関が、あらかじめ、個人情報保護委員会に届け出をすることなく、情報連携を行うことができる。

イ. 独自利用事務の情報連携を活用することにおいては、添付書類の取得に係る負担、添付書類の取得時に必要となる手数料の負担及び添付書類の不備に対する処理の負担等が軽減されるというメリットは得られない。

ウ. 独自利用事務について情報連携を行うためには、当該独自利用事務の趣旨又は目的が、法定事務の根拠となる法令の趣旨又は目的と同一であるという要件を満たすだけで足りる。

エ. 独自利用事務とは、福祉、保健若しくは医療その他の社会保障、地方税又は防災に関する事務その他これらに類する事務であって条例で定めるもののことをいう。

解説　個人番号の独自利用事務制度

　　本問は、個人番号の独自利用事務制度に関する理解を問うものである。

ア不適切。番号法別表第二の第二欄に掲げる事務に準ずるものとして委員会規則で定める要件を満たす独自利用事務について、情報連携を行おうとする地方公共団体の長その他の執行機関は、あらかじめ、法定の事項（法9条2項の条例を制定した地方公共団体の名称、法9条2項の条例及び条例事務の名称、条例事務関係情報提供者及び当該条例事務関係情報提供者に対し提供を求める特定個人情報及びその他個人情報保護委員会が定める事項）を個人情報保護委員会に届け出なければならない（法19条9号、行政手続における特定の個人を識別するための番号の利用等に関する法律19条第9に基づく特定個人

情報の提供に関する規則2条1項・3条1項)。従って、事後
的な届出では足りず、事前の届出が必要となる。

イ 不適切。個人番号の独自利用事務の情報連携を活用することにより、
申請者の状況により複数枚の添付書類が必要となる申請手続
(例えば、障害者福祉施策において世帯員全員の課税証明書
が必要となる場合、子育て施策において複数年度の課税証明
書が必要となる場合等)や添付書類の提出に不備が生じやす
い手続等について、住民や自治体において添付書類の取得に
係る負担、添付書類の取得時に必要となる手数料の負担及び
添付書類の不備に対する処理の負担等が軽減されるというメ
リットが得られる。

ウ 不適切。個人番号の独自利用事務について情報連携を行うためには、
当該独自利用事務の趣旨又は目的が、番号法別表第二の第二
欄に掲げる事務のうちいずれかの事務(法定事務)の根拠と
なる法令の趣旨又は目的と同一であり、かつ当該事務の内容
が法定事務の内容と類似しているという要件を満たす必要が
ある。(法19条9号、行政手続における特定の個人を識別する
ための番号の利用等に関する法律19条第9号に基づく特定個
人情報の提供に関する規則2条1項、番号法9条2項)

エ 適 切。個人番号の独自利用事務とは、福祉、保健若しくは医療その
他の社会保障、地方税又は防災に関する事務その他これらに
類する事務であって条例で定めるもののことをいう。(法9条
2項)

| 解答 エ |

問題158. 個人番号の独自利用事務制度に関する以下のアからエまでの記述のうち、最も適切ではないものを1つ選びなさい。

ア．個人番号の独自利用事務が一定の要件を満たす場合においては、番号法19条9号の規定に基づき特定個人情報の提供を求める地方公共団体の長その他の執行機関が、あらかじめ個人情報保護委員会に届け出ることで、情報連携を行うことができる。

イ．個人番号の独自利用事務について情報連携を行うためには、当該独自利用事務の趣旨又は目的が、法定事務の根拠となる法令の趣旨又は目的と同一であり、かつ当該事務の内容が法定事務の内容と類似しているという要件を満たす必要がある。

ウ．個人番号の独自利用事務の情報連携を活用することにより、添付書類の取得に係る負担、添付書類の取得時に必要となる手数料の負担及び添付書類の不備に対する処理の負担等が軽減されるというメリットが得られる。

エ．個人番号の独自利用事務とは、福祉、保健若しくは医療その他の社会保障、地方税又は防災に関する事務その他これらに類する事務の全般のことをいう。

解説　個人番号の独自利用事務制度

　本問は、個人番号の独自利用事務制度に関する理解を問うものである。

ア適　切。番号法別表第二の第二欄に掲げる事務に準ずるものとして委員会規則で定める要件を満たす独自利用事務について、情報連携を行おうとする地方公共団体の長その他の執行機関は、あらかじめ、法定の事項（法9条2項の条例を制定した地方公共団体の名称、法9条2項の条例及び条例事務の名称、条例事務関係情報提供者及び当該条例事務関係情報提供者に対し提供を求める特定個人情報及びその他個人情報保護委員会が定める事項）を個人情報保護委員会に届け出なければならない（法19条9号、行政手続における特定の個人を識別するための番号の利用等に関する法律19条第9に基づく特定個人

　　　　情報の提供に関する規則2条1項・3条1項）。従って、事後
　　　　的な届出では足りず、事前の届出が必要となる。

イ適　　切。個人番号の独自利用事務について情報連携を行うためには、
　　　　当該独自利用事務の趣旨又は目的が、番号法別表第二の第二
　　　　欄に掲げる事務のうちいずれかの事務（法定事務）の根拠と
　　　　なる法令の趣旨又は目的と同一であり、かつ当該事務の内容
　　　　が法定事務の内容と類似しているという要件を満たす必要が
　　　　ある（法19条9号、行政手続における特定の個人を識別する
　　　　ための番号の利用等に関する法律19条第9号に基づく特定個
　　　　人情報の提供に関する規則2条1項、番号法9条2項）。

ウ適　　切。個人番号の独自利用事務の情報連携を活用することにより、
　　　　申請者の状況により複数枚の添付書類が必要となる申請手続
　　　　（例えば、障害者福祉施策において世帯員全員の課税証明書
　　　　が必要となる場合、子育て施策において複数年度の課税証明
　　　　書が必要となる場合等）や添付書類の提出に不備が生じやす
　　　　い手続等について、住民や自治体において添付書類の取得に
　　　　係る負担、添付書類の取得時に必要となる手数料の負担及び
　　　　添付書類の不備に対する処理の負担等が軽減されるというメ
　　　　リットが得られる。

エ不適切。個人番号の独自利用事務とは、福祉、保健若しくは医療その
　　　　他の社会保障、地方税又は防災に関する事務その他これらに
　　　　類する事務であって条例で定めるもののことをいう（法9条
　　　　2項）。

解答　エ

問題159. マイナポータルに関する以下のアからエまでの記述のうち、最も
　　　　適切ではないものを1つ選びなさい。

　ア．マイナポータルとは、政府が運営するオンラインサービスで、子育
　　　てや介護をはじめとする行政手続がワンストップでできるほか、行
　　　政機関からのお知らせを確認することができる。

　イ．マイナポータルでは、個人番号カードを持っていて、代理人の設定
　　　を行えば、誰でも代理人となることができ、代理人が本人に代わっ
　　　てマイナポータルの各種サービスを利用できる。

　ウ．個人番号カードには、署名用電子証明書、利用者証明用電子証明書、
　　　住民基本台帳用、券面事項入力補助用の4種類のパスワードが記録
　　　されているが、マイナポータルではこれら4種類の全てのパスワー
　　　ドを変更することができる。

　エ．国税庁の「e-Tax（国税電子申告・納税システム）」とマイナポータ
　　　ルは連携しており、マイナポータルの「もっとつながる」の機能に
　　　より、マイナポータルから「e-Tax」にアクセスできるようになって
　　　いる。

解説　マイナポータル

　番号法附則6条3項において、マイナポータルは「情報提供等記録開示システム」として規定されている。本問は、このマイナポータルに関する理解を問うものである。

ア適　切。マイナポータルとは、政府が運営するオンラインサービスで、地方公共団体が提供している行政機関の手続きの検索・電子申請のほか、行政機関などが持っている自分の特定個人情報、行政機関などから配信されるお知らせ、情報提供ネットワークシステムを通じた住民の情報のやりとり記録の確認、マイナポータルからねんきんネットなどの外部サイト（要登録）へのログインを行うことができる。

イ適　切。マイナポータルでは、マイナンバーカードを持っていて代理人の設定を実施すれば、誰でも代理人となることができ、代理人が本人に代わってマイナポータルの各種サービスを利用できる。マイナポータルの利用者の代理人となるための資格や要件はない。

ウ不適切。マイナポータルでは、マイナンバーカードに記録されている4種類のパスワードのうち、署名用電子証明書、利用者証明用電子証明書、券面事項入力補助用の**3**種類のパスワードを変更することができる。

エ適　切。マイナポータルとe-Taxなどの外部ウェブサイトをつなぐことで、マイナポータルからスムーズにログインができ、外部ウェブサイトの機能の利用やお知らせの確認ができる。

解答　ウ

問題160. マイナポータルに関する以下のアからエまでの記述のうち、最も<u>適切ではないもの</u>を1つ選びなさい。

ア．マイナポータルでは、行政機関等が保有する自己の特定個人情報や、自己の特定個人情報についての行政機関等相互の情報の授受に関する記録について確認することができる。

イ．マイナポータルでは、本人同意のもと医療関係者及び保険者に特定健診情報・後期高齢者健診情報・薬剤情報が提供された状況・履歴を確認することができる。

ウ．マイナポータルでは、マイナポータルの各種サービスを利用するために、代理人が本人に代わってマイナポータルを操作することはできない。

エ．国税庁の「e-Tax（国税電子申告・納税システム）」とマイナポータルは連携しており、マイナポータルの「もっとつながる」の機能により、マイナポータルから「e-Tax」にアクセスできるようになっている。

解説　マイナポータル

　番号法附則6条3項において、マイナポータルは「情報提供等記録開示システム」として規定されている。本問は、このマイナポータルに関する理解を問うものである。

ア適　切。マイナポータルでは、自己の特定個人情報についての行政機関等相互の情報の授受に関する記録について確認することができ、また、行政機関等が保有する自己の特定個人情報について確認することができる。（法附則6条3項・4項1号参照）

イ適　切。マイナポータルでは、本人同意のもと医療関係者及び保険者に特定健診情報・後期高齢者健診情報・薬剤情報が提供された状況・履歴を確認することができる。

ウ不適切。マイナポータルでは、個人番号カードを持っていて代理人の設定を実施すれば、誰でも代理人となることができ、マイナポータルの各種サービスを利用するために、代理人が本人に代わってマイナポータルを操作することができる。マイナポータルの利用者の代理人となるための資格や要件はない。

エ適　切。マイナポータルとe-Taxなどの外部ウェブサイトをつなぐことで、マイナポータルからスムーズにログインができ、外部ウェブサイトの機能の利用やお知らせの確認ができる。

解答　ウ

改訂新版 マイナンバー実務検定1級 公式精選問題集

2024年 5月 27日　初版第1刷発行

編　者　一般財団法人 全日本情報学習振興協会

発行者　牧野 常夫

発行所　一般財団法人 全日本情報学習振興協会
　　　　〒101-0061　東京都千代田区神田三崎町3-7-12
　　　　　　　　　　　　　　　　清話会ビル5F
　　　　TEL：03-5276-6665

販売元　株式会社 マイナビ出版
　　　　〒101-0003　東京都千代田区一ツ橋2-6-3
　　　　　　　　　　　　　　一ツ橋ビル2F
　　　　TEL：0480-38-6872（注文専用ダイヤル）
　　　　　　03-3556-2731（販売部）
　　　　URL：http://book.mynavi.jp

印刷・製本　大日本法令印刷株式会社

©2024　一般財団法人 全日本情報学習振興協会
ISBNコード　978-4-8399-8701-5　C2034
Printed in Japan